May '73

LITERATUR UND WIRKLICHKEIT, BAND 7
HERAUSGEGEBEN VON KARL OTTO CONRADY

BAUFORMEN DES ERZÄHLENS BEI ARNO SCHMIDT

EIN BEITRAG ZUR POETIK DER ERZÄHLKUNST

VON REIMER BULL

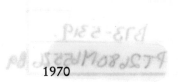
H. BOUVIER u. CO. VERLAG · BONN

ISBN 3 416 00673 9
Alle Rechte vorbehalten · Ohne ausdrückliche Genehmigung des Verlages ist es nicht ge-
stattet, das Werk oder Teile daraus fotomechanisch zu vervielfältigen . © H. Bouvier u. Co.
Verlag, Bonn 1969 · Printed in Germany · D 8 · Gesamtherstellung: Robert Kleinert GmbH,
Quakenbrück · *Library of Congress Catalog Card Number: 72 — 110534*

INHALT

EINLEITUNG: BEGRÜNDUNG UND ZIELSETZUNG DER ARBEIT

Die vorliegende Arbeit analysiert die morphologische Struktur der Erzählungen DAS STEINERNE HERZ und AUS DEM LEBEN EINES FAUNS von Arno Schmidt. Die Ergebnisse dieser Analysen sind exemplarisch und gelten für alle von Schmidt unter den Aspekten seiner drei Prosaversuchsreihen subsumierten Erzählungen[1].

Analyse der morphologischen Struktur meint die kategoriale Beschreibung des Konstruktionsprinzips und der Konstruktionsfaktoren, die die strukturelle Kontur des Erzählvorgangs bestimmen.

Konstruktionsprinzip nennen wir das strukturprägende Erzählverfahren; Konstruktionsfaktoren sind Strukturelemente des Erzählens, wir können dafür auch sagen: Bauformen des Erzählens.

Die Analyse der Erzählungen Schmidts wird zu der Frage führen, ob die von der fachwissenschaftlichen Erzähltheorie bereitgestellten Kategorien zur Beschreibung von Bauformen des Erzählens geeignet sind, die Erzählwerke Arno Schmidts strukturgerecht zu erfassen.

Die Arbeit will beweisen, daß diese Kategorien zur Beschreibung nicht ausreichen und neue Formkategorien gesucht werden müssen. Diese wird sie zum Teil in den erzähltheoretischen Äußerungen zeitgenössischer Schriftsteller angebahnt finden – im wesentlichen aber selbst zu formulieren haben.

Es wird sich erweisen, daß das Versagen geläufiger als typisch angesehener Formkategorien gegenüber den untersuchten Texten historisch bedingt ist. Diese Erkenntnis zwingt zur Auseinandersetzung mit der Meinung, daß typische Aufbauformen des Erzählens ahistorische Konstanten seien und grundsätzlich jedes Erzählwerk mehr oder weniger in seinem Aufbau bestimmen müßten. Da diese Ansicht insbesondere von Eberhard Lämmert vertreten wird, konzentriert sich die Arbeit vor allem auf ihn und die typologische Begründung seiner Darstellung der „Bauformen des Erzählens"[2].

---

[1] Vgl. in dieser Arbeit S. 19 f.
[2] Lämmert, Bauformen, a.a.O.

1

Mit der Bereitstellung neuer Begriffe zur Beschreibung von Bauformen des Erzählens wird zugleich der Versuch unternommen, das den bekannten Erzähltheorien zugrundeliegende Vorstellungsmodell von der Struktur der darzustellenden Wirklichkeit mit einem grundlegend anders gedachten und strukturierten Realitätsmodell zu konfrontieren, auf das sich nicht nur die Strukturen der von Arno Schmidt dargestellten Wirklichkeit und benutzten erzähltechnischen Mittel beziehen lassen, sondern auch die einer Reihe von Erzählungen zeitgenössischer Autoren.

Die Konfrontation des bei Lämmert konzipierten Strukturmodells des Erzählens mit dem eines fundamental anders gedachten Modelles berührt die Definition der Begriffe Erzählen und Bauformen des Erzählens. Die von Lämmert aus dem Begriff der Sukzession abgeleitete evolutionäre Grundformel des Erzählens „es ward – und dann"[3], derzufolge Bauformen solche Formen sind, die das Erzählwerk in seiner Längserstreckung gliedern[4], vermag einen großen Teil zeitgenössischer Erzählliteratur nicht zu erfassen. Wir definieren daher allgemeiner: Erzählen heißt, mit Hilfe von Prosa eine fiktive Wirklichkeit zu formen, in der etwas vor sich geht. Damit wird nicht von vornherein und ausschließlich das Prinzip der Sukzession im Sinne des vom „Anstoß der ersten Begebenheit sich abspinnenden Geschehens"[5] zur strukturbestimmenden Kategorie erhoben. Die Definition bleibt offen für andere Kategorien.

Insofern sich der Begriff der Längserstreckung des Erzählwerks auf den Begriff der Sukzession bezieht, Bauformen also den Erzählvorgang in Richtung der Dimension der zentralen strukturbestimmenden Kategorie gliedern, können wir auch für die Bauformen des Erzählens bei Arno Schmidt definieren, daß sie solche Formen sind, die den Erzählvorgang in Richtung der Dimension seiner strukturbestimmenden Kategorie gliedern. Diese für die Erzählungen Schmidts und anderer Autoren relevante Kategorie soll jedoch nicht schon an dieser Stelle in die Arbeit eingeführt werden, um nicht den unbefangenen Blick auf die Analyse der Erzähltexte zu verstellen.

Da am Aufbau einer Erzählstruktur alle in das Werk eingebrachten Strukturelemente beteiligt sind, ist einschränkend zu sagen, daß diese Arbeit folgende Strukturbereiche aus ihrer Untersuchung ausklammert: Erzählsituationen; motivischer Aufbau; Erzählsprache. Eine Analyse der Erzähl-

[3] Lämmert, Bauformen, a.a.O., S. 21.
[4] Vgl. Lämmert, Bauformen, a.a.O., S. 18.
[5] Lämmert, Bauformen, a.a.O., S. 21.

2

sprache Schmidts würde eine eigene Untersuchung bedeuten und vor allem den Einsatz linguistischer Forschungsmethoden verlangen, um intersubjektive Variablen der Interpretation weitgehend auszuschalten. Die Analyse der Erzählsituationen und des motivischen Aufbaus berührt nicht das spezifische erzähltheoretische Erkenntnisinteresse dieser Arbeit. Schließlich ist darauf aufmerksam zu machen, daß die vorliegende Arbeit keine Monographie über das Erzählwerk Arno Schmidts zu sein beabsichtigt, sondern ihren Gegenstand zum Anlaß nimmt, einen allgemeinen Beitrag zur Poetik der Erzählkunst zu leisten.

Die Ausgangshypothese unserer Arbeit läßt sich pointiert folgendermaßen formulieren: Die vielberufene Krise, in die das Erzählen heute angeblich geraten sein soll, ist möglicherweise nicht so sehr eine Krise des Erzählens als eine Krise der Poetik der Erzählkunst.

Daß eine solche Vorstellung von der in eine Krise geratenen Theorie keineswegs abwegig zu sein braucht, lehrt ein Blick auf die Geschichte der Literatur und mag der Hinweis auf die erst in jüngster Zeit beendete dramentheoretische Kontroverse um die dramaturgischen Konzeptionen der sogenannten *offenen* bzw. *geschlossenen* Form des Dramas belegen. Die Verurteilung des Dramas offener Form als undramatisch und antidramatisch, die Klage über die Krise des Dramas, den Formzerfall, der es „an den Rand des Ruins gebracht"[6] habe, sind schließlich durch die Untersuchungen Szondis[7] und anderer[8], vor allem aber Volker Klotz'[9], als das erkennbar geworden, was sie wesentlich waren: als die Krise einer in normative Vorurteile verstrickten Theorie, der eine oft dogmatische Orientierung an unangemessenen Theoriemodellen (Aristoteles, Lessing) den unbefangenen Blick auf die Forschungsaufgaben verstellte[10].

Es sollte uns daher beunruhigen, wenn heute namhafte Autoren der von der Wissenschaft betriebenen erzähltheoretischen Forschung normative Befangenheit und ängstliche Zurückhaltung vor dem Zeitgenössischen vorwerfen[11]. So schreibt Helmut Heißenbüttel in seinen „Frankfurter Vor-

---

[6] Melchinger, a.a.O., S. 144.
[7] Peter Szondi, Theorie des modernen Dramas, Frankfurt a. M. 1956.
[8] Z. B. Marianne Kesting, Das epische Theater. Zur Struktur des modernen Dramas. Stuttgart 1959.
[9] Volker Klotz, Geschlossene und offene Form im Drama, a.a.O.
[10] Vgl. Klotz, Drama, a.a.O., S. 15–19.
[11] Vgl. z. B. Reinhard Baumgart, Aussichten des Romans, a.a.O., S. 7 ff.; Literatur für Zeitgenossen, a.a.O., S. 9 ff.; Was soll Germanistik heute? A.a.O.

lesungen über Poetik 1963": Die Wissenschaft weicht auf das zurück, „was bloß von der Gewohnheit und dem öffentlichen Bewußtsein anerkannt ist, auf das konventionell Etablierte. Das Etablierte aber verhindert vor allem eins, nämlich die Bildung von Kriterien für das unmittelbar Zeitgenössische, für das, was gestern und heute entsteht (...). Produktion und Theorie fallen auseinander. Die theoretischen Impulse, die der Literatur gerecht werden, stammen von Schriftstellern und Philosophen. Die Wissenschaft hängt schwerfällig zurück, eine eher restaurativ gesonnene Kritik gewinnt aus der Wissenschaft ihr Rüstzeug"[12]. So hat das Versagen der Theorie nach Heißenbüttel zur Folge gehabt, „daß ein Teil der theoretischen Tätigkeit in die Praxis der Literatur überging, und zwar nicht nur eingeschlossen ins Werk selbst, sondern auch ausdrücklich und programmatisch"[13]. Nahezu gleichlautend heißt es in Frankreich bei Alain Robbe-Grillet: „Der Kritiker befindet sich (...) in einer paradoxen Situation: er muß zeitgenössische Werke unter Benutzung von Kriterien beurteilen, die im günstigsten Fall diese nicht betreffen"[14]. Wenn aber „die Regeln der Vergangenheit dazu dienen, die Gegenwart zu messen, so dienen sie auch dazu, diese Gegenwart zu konstruieren"[15]. Aus diesen Gründen ist es denn auch „nicht immer nutzlos, wenn Autoren (...) ihren ‚theoretischen' Beitrag"[16] zur Suche nach angemessenen Kriterien leisten.

Nun sind programmatische Autorenäußerungen, wie man weiß, nicht erst seit heute üblich, und ihr Vorhandensein darf nicht von vornherein als ein Indiz für eine spezifisch zeitgenössische Krise des Verhältnisses von Produktion und Theorie der Literatur gewertet werden. Lessings LAOKOON und HAMBURGISCHE DRAMATURGIE, der Goethe-Schiller-Briefwechsel, Jean Pauls VORSCHULE DER ÄSTHETIK, Hebbels WORT ZUM DRAMA, Otto Ludwigs STUDIEN, um aus der Fülle nur einige beliebige zu nennen, sind sämtlich im Sinne Heißenbüttels und Robbe-Grillets Autorenäußerungen zur Theorie der Literatur, die die Wissenschaft schmerzlich vermissen würde, wären sie nicht getan worden. Wir wollen daher vorerst aus den Worten Heißenbüttels und Robbe-Grillets,

---

[12] Heißenbüttel, Frankfurter Vorlesungen, a.a.O., S. 130.
[13] Ebenda.
[14] Robbe-Grillet, Zeit und Beschreibung im heutigen Roman, a.a.O., S. 94.
[15] Robbe-Grillet, Dem Roman der Zukunft eine Bahn, a.a.O., S. 17.
[16] Robbe-Grillet, Zeit und Beschreibung im heutigen Roman, a.a.O., S. 94. — In diesem Zusammenhang sind vor allem auch die erzähltheoretischen Beiträge von Michel Butor und Nathalie Sarraute zu nennen. Siehe Literaturverzeichnis.

die hier für viele ähnliche Meinungen stehen, nur die Aufforderung herauslesen, daß sich die Forschung den zeitgenössischen literarischen Erscheinungen auch des Tages nicht verschließen und bei deren kategorialer Beschreibung und kritischer Bewertung auf die von den Autoren angebotenen Äußerungen ihres theoretischen Selbstverständnisses eingehen möge. Der Gefahr des Auseinanderstrebens von Theorie und Literatur, der Gefahr unbeabsichtigter Normativierung unserer meist allein aus der Analyse historischer Texte gewonnenen dichtungswissenschaftlichen Begriffe kann der Einschluß dessen, was gestern und heute entsteht, in das Arbeitsprogramm unserer Forschung nur positiv entgegenwirken.

Das Gesamtwerk Arno Schmidts umfaßt heute über 4600 Druckseiten; es besteht aus Romanen, Erzählungen, Kurzgeschichten, Monographien, Aufsätzen, Polemiken und Rundfunksendungen. Dabei sind nicht mitgerechnet seine zahlreichen Übersetzungen sowie Arbeiten, die nur in Zeitschriften und Zeitungen veröffentlicht wurden.

Literarische Kritik und Fachwissenschaft haben auf dies Werk so widersprüchlich wie auf kaum ein anderes der zeitgenössischen Literatur reagiert. Arno Schmidt, „der zur Zeit intelligenteste Vertreter des deutschen Zeitromans"[17], heißt es bei Karl Heinz Bohrer; „sprachlich erfindungsreich wie kein anderer lebender deutscher Autor"[18], schreibt Dieter E. Zimmer. Einen „Außenseiter"[19] nennt ihn Manfred Delling, der zwar elf Bücher geschrieben habe, von denen fast jedes „zwischen wirklich genialen Partien und reinen Platitüden hin und her"[20] schwanke, dem „jedoch noch kein einziges geschlossenes Meisterwerk gelungen"[21] sei. „Nur Außenseiter zu sein, ist auf die Dauer jedoch keine Legitimation. Es wäre ein Jammer um dieses Talent mit allen Ansätzen, ein bedeutenderer Störenfried zu werden"[22]. Reich-Ranicki dagegen konstatiert: „Ein Ärgernis ist Arno Schmidt längst nicht mehr"[23]; zwar ein Autor mit gelegentlich „poetischem Furor und einer ungewöhnlichen akustischen Reizbarkeit und Empfänglichkeit"[24], der „in den fünfziger Jahren einige poetisch-schnoddrige Prosawerke geschrie-

[17] Bohrer, Satyrspiel, a.a.O., S. 317, Sp. 2.
[18] Zimmer, a.a.O., S. 21, Sp. 4.
[19] Delling, a.a.O., S. 216, Sp. 3.
[20] Ebenda.
[21] Ebenda.
[22] Ebenda.
[23] Reich-Ranicki, a.a.O., S. XX, Sp. 1.
[24] Reich-Ranicki, a.a.O., S. XXI, Sp. 3.

ben"[25] habe, die den „Nerv der Zeit"[26] trafen, aber: „was um 1950 als heftiger und eigenwilliger Ausdruck des Generationserlebnisses verstanden werden konnte, das mutete, um und nach 1960 wiederholt und variiert, nur noch kurios und weltfremd an, provinziell und antiquiert"[27]. Fazit Reich-Ranickis: „Der Weg, der von der Avantgarde zur Arrièregarde führt, ist in der Regel kurz"[28]. Robert Minder hinwiederum nennt Schmidt einen genialisch hinhorchenden, wenn auch aufsässigen Registrator[29], der „mit katzenbergerischer Sammelwut die neue Zeit in ihrer neuen Sprache einfängt"[30]. Karlheinz Schauder zählt ihn zu „den bedeutendsten deutschen Autoren der Gegenwart"[31]; Heißenbüttel versetzt ihn in den „obersten Rang der deutschen Literatur"[32]; Helmut Kreuzer spricht von der beträchtlichen Wirkung Schmidts auf das literarische Leben[33]; Wolffheim nennt ihn eine „Potenz"[34]; und Manthey prophezeit: „man wird ihn einmal zu den großen Manieristen unserer Literatur rechnen, ihn neben (oder nach) Heine, E. T. A. Hoffmann und Benn nennen"[35]. Für Martini dagegen greift Arno Schmidt mit „allzu lautstarker Provokation"[36] zu einem „intellektuell gesteuerten Expressionismus"[37] zurück: „oft scharfsichtig, oft hemmungslos subjektiv, fasziniert von jedem Experiment, zerschlägt er alle Ordnungen bis in Syntax und Vokabular hinein, um im Chaotischen den unmittelbaren Ausdruck zu erzwingen. Er kennt nur noch zerfetztes Dasein – Form eines gesteigerten ‚Impressionismus' gegenüber allen Prozessen der gegenwärtigen Existenz"[38].

Bei aller widersprüchlichen Vielfalt der Kritik, in einem Punkte besteht Übereinstimmung: eine Analyse der zeitgenössischen Literatur kann an dem Werk Arno Schmidts nicht vorbeigehen. Gerade aber an sachlicher, philologischer Analyse fehlt es noch weitgehend. Schon 1962 warf Manthey der Kritik vor, sie habe nicht die Strukturen des Schmidtschen Werkes

---

[25] Reich-Ranicki, a.a.O., S. XXII, Sp. 5.
[26] Ebenda.
[27] Ebenda.
[28] Ebenda.
[29] Vgl. Minder, a.a.O., S. 285.
[30] Ebenda.
[31] Schauder, a.a.O., S. 62.
[32] Heißenbüttel, Annäherung an Arno Schmidt, a.a.O., S. 70.
[33] Vgl. Kreuzer, a.a.O., S. 471 f.
[34] Wolffheim, a.a.O., S. 2, Sp. 2.
[35] Manthey, Arno Schmidt, a.a.O., S. 416.
[36] Martini, a.a.O., S. 625.
[37] Ebenda.
[38] Ebenda.

verdeutlicht, nicht dessen Konturen ans Licht gehoben, die Absicht entschlüsselt, sondern ihre eigenen Eindrücke vergrößert und statt Deutungen Geschmackskundgebungen gegeben, statt Erhellung Entrüstung, anstelle von Kritik: Lesergefühle[39]. 1963 schreibt Heißenbüttel einen Aufsatz „Annäherung an Arno Schmidt"[40], der zwar eine überaus positive Würdigung des Werkes bedeutet, aber innerhalb seines begrenzten Rahmens auf Strukturen bestenfalls hinweisen kann, Beleg und Analyse jedoch schuldig bleiben muß. 1966 beklagt Hanns Grössel, daß von „den kritischen Bemühungen um Person und Werk Arno Schmidts (...) nur wenige dazu beigetragen (haben), ihn aus seiner Isolierung zu befreien. Als den Außenseiter, zu dem er sich bisweilen stilisiert hat, läßt man ihn, teils achselzuckend, teils nachsichtig, gewähren, räumt ihm eine höhere Narrenfreiheit ein. Wäre sich die Kritik ihres sonst gerne betonten Vorrechts bewußt, mehr zu wissen als der Autor, seine Absichten und Neigungen besser zu deuten als er selber, sie hätte schwerlich überhören können, daß aus Schmidts beschwörenden Hinweisen und Aufrufen ein leidenschaftlicher Mitteilungs-, ein Beteiligungsdrang spricht: wer mit solcher Beharrlichkeit Mißstände und Unsitten der geistigen Welt, der ‚Gelehrtenrepublik' anprangert, will nicht von ihr ausgeschlossen sein"[41]. 1967 schreibt Wolffheim: „als Arno Schmidt seine ersten Bücher erscheinen ließ, hat die Kritik ihn wegen seiner revolutionären Manier mehr angebellt als genau gelesen. Neuerdings, da er als eine der einsamen Potenzen im Zenit unserer gegenwärtigen Literatur sichtbar geworden ist, neigt man dazu, ihn pauschal zu ästimieren, ohne ihn wiederum genau zu lesen"[42].

Aus dieser Kritik an der Kritik, die auch die Fachwissenschaft betrifft, sollten wir den Schluß ziehen, mit der systematischen Analyse und kategorialen Beschreibung des Schmidtschen Erzählwerkes zu beginnen. Das wird eine Reihe von Einzeluntersuchungen erforderlich machen, die in ihrer Gesamtheit einmal die analytische Bestandsaufnahme des Werkes darstellen mag. Zu solcher Bestandsaufnahme beizutragen ist die erklärte Absicht dieser Arbeit.

[39] Vgl. Manthey, Arno Schmidt, a.a.O., S. 408.
[40] Vgl. Heißenbüttel, Annäherung an Arno Schmidt, a.a.O.
[41] Grössel, a.a.O., S. 682.
[42] Wolffheim, a.a.O., S. 2, Sp. 1 u. 2.

1. Kapitel

ANALYSE DES ROMANS DAS STEINERNE HERZ

A) BLICK AUF DIE FORSCHUNG: ZUM PRINZIP DER SUKZESSION

Unter den Werken zur Theorie der Erzählkunst kommt dem Buch von Eberhard Lämmert „Bauformen des Erzählens"[1] eine hervorragende Bedeutung zu, da diese Darstellung „zwar nicht mit ausdrücklichen Worten, aber schon durch (ihr) Dasein den Anspruch erhebt, eine Art von Organon der Poetik der Erzählkunst zu sein"[2], in dem die von Lämmert für unveräußerlich erachteten Forschungsergebnisse seiner Vorgänger aufgehoben sind. Vor allem aber zwingt der Anspruch des Buches, nur solche Bauformen des Erzählens aufzuführen, die als ahistorische Konstanten jedes denkbare Erzählwerk zu allen Zeiten mehr oder weniger bestimmen, zu immer erneuter Überprüfung der von Lämmert angebotenen typischen Bauformen.

Lämmerts Absicht, „jede historische Relation"[3] bei der Kategorienbildung von Bauformen des Erzählens zu vermeiden und als typische Formen lediglich „ahistorische Konstanten"[4] anzuerkennen, deren allzeitige Möglichkeiten[5] gewährleistet sein müssen, stellt ihn vor das Problem, wie solche ahistorischen Konstanten auszumachen sein sollen, „wenn alle konkreten Beweisstücke, nämlich die erzählenden Dichtungen selbst, historischen Entstehungsbedingungen unterliegen und deshalb historisch besondere Formen aufweisen"[6]. Er versucht, die Schwierigkeit zu lösen, indem er sich in einer ontologischen Vorbesinnung[7] fragt, „nach welchen Kriterien eine Dichtung überhaupt zur Erzählkunst zu rechnen"[8] sei. Dabei stößt er auf das Prinzip der Sukzession, in dem er den zeitlosen „Generalnenner des Erzählens"[9]

---

[1] Lämmert, Bauformen, a.a.O.
[2] Meyer, a.a.O., S. 80.
[3] Lämmert, Bauformen, a.a.O., S. 16.
[4] Ebenda.
[5] Vgl. Lämmert, Bauformen, a.a.O., S. 15.
[6] Lämmert, Bauformen, a.a.O., S. 16 f.
[7] Vgl. Lämmert, Bauformen, a.a.O., S. 17.
[8] Ebenda.
[9] Ebenda.

erkennt: „Das allgemeinste Aufbauprinzip, das die Erzählkunst mit jeder Sprachkundgebung zunächst teilt, ist das Prinzip der *Sukzession,* in der sie allein dargeboten und auch aufgenommen werden kann"[10]. Sukzession – darauf hat Günther Müller hingewiesen – ist in jedem Erzählwerk als epische Zeit in zwiefacher Weise anzutreffen: „(...) einmal im Vorgang des Erzählens, grob gesprochen in der Abfolge der Worte, zum anderen in den erzählten Vorgängen, die offenbar notwendig untereinander in zeitlichen Verhältnissen stehen"[11]. Dabei ist es unerheblich, ob die dargestellten Zeitverhältnisse realzeitlicher oder phantastischer Natur sind; prinzipiell ist eine dargestellte Wirklichkeit – unabhängig von der chronologisch oder nicht chronologisch angeordneten Folge ihrer Zeitabläufe – ohne Zeitverhältnisse nicht vorstellbar. Gegen diese Erkenntnis ist sinnvoll nichts einzuwenden.

Um so kritischer müssen dagegen die erzähltheoretischen Folgerungen, die seit je aus der Bedingung des zeitlichen Nacheinanders für den Aufbau von Erzählwerken gezogen worden sind, auf ihre absolute Stichhaltigkeit hin überprüft werden. Wenn Lämmert aus dem Prinzip der Sukzession allzeitig gültige, d. h. ahistorische Kategorien zur Beschreibung von Bauformen ableitet, so sind wir verpflichtet, sowohl diesem Ansatz bei Lämmert selbst nachzugehen, als auch die erzähltheoretische Tradition, in der sein Denken steht, wenigstens in knapper Form, hier zu referieren, um den Ansatzpunkt für unsere eigene Untersuchung und die gerade in jüngster Zeit vorgetragenen, später noch zu diskutierenden, kritischen Äußerungen zeitgenössischer Autoren zu der von der Wissenschaft vertretenen Theorie der Erzählkunst deutlich sichtbar zu machen.

Lämmert bemerkt zu Recht, daß das Prinzip der Sukzession zunächst jede Sprachkundgebung betrifft und somit kein ausschließliches Kriterium der Erzählkunst ist. So führt ihn sein ontologisches Interesse dazu, aus dem Prinzip der Sukzession im Sinne der – wie Müller formulierte – reinen Abfolge der Worte zu folgern, daß Sprachkunstwerke charakterisiert werden können – im Ganzen wie in ihren konkreten Einzelformen – als *mähliches Werden*[12]. Da das sprachliche mähliche Werden gebunden ist an Inhalte, wird aus der Abfolge der Worte die Darstellung eines mählichen sich zu einer Handlung verdichtenden Werdens. Lämmert definiert daher: „*Erzählende* Kunst also hat ihre Energiequelle in einer Welt der *Begeben-*

---

[10] Lämmert, Bauformen, a.a.O., S. 19, Hervorhebung im Text kursiv.
[11] Müller, Über das Zeitgerüst des Erzählens, a.a.O., S. 392.
[12] Vgl. Lämmert, Bauformen, a.a.O., S. 19.

heiten, die sie erbaut und zu einer Handlung zusammenzieht"[13]. „Ein Epos und allgemein ein Erzählwerk *muß* die epische Grundkraft des Fortschreitens von Begebenheiten besitzen, um seine Hauptgruppe nicht zu verfehlen"[14]. Damit wird der Begriff der aus einer Folge fortschreitender Begebenheiten sich entwickelnden Handlung für Lämmert zum „artbestimmenden Merkmal(en) *aller* Erzählungen"[15]. Das Erzählwerk „kann daneben – und benötigt dies in der Tat zu seiner künstlerischen Ausprägung – auch lyrische oder erörternde Züge, selbst über relativ weite Strecken hin, aufweisen"[16], sein Gerüst muß jedoch „die fortschreitende und zwar energisch, d. h. von einer Strebekraft durchwirkte *Handlung* sein"[17].

Mit diesem qua Interpretation aus dem Begriff der Sukzession abgeleiteten Begriff der von einer Strebekraft energisch durchwirkten Handlung gewinnt Lämmert den Generalnenner, auf den sich alle seine Kategorien zur Beschreibung von Bauformen beziehen. Begriffe wie Geschichte, Phase, Raffung, Vorausdeutung, Rückwendung setzen tatsächlich als Grundvorstellung „das Schema des vom Anstoß der ersten Begebenheit sich abspinnenden Geschehens"[18] voraus, ein Schema, in dessen „Es ward – und dann"[19] Lämmert „den idealen Grundriß des Erzählten"[20] erblickt[20a].

---

[13] Lämmert, Bauformen, a.a.O., S. 20. Hervorhebungen im Text kursiv.
[14] Lämmert, Bauformen, a.a.O., S. 21. Hervorhebungen im Text kursiv.
[15] Ebenda. Hervorhebung im Text kursiv.
[16] Ebenda.
[17] Ebenda. Hervorhebung im Text kursiv.
[18] Ebenda.
[19] Ebenda.
[20] Ebenda.
[20a] Lämmerts Handlungsbegriff erhellt besonders deutlich auch aus folgenden Zitaten: Erzählwerke erzählen nach Lämmert eine Geschichte. Die Geschichte ist eine „ausgewählte Folge von Ereignissen" (S. 26) aus einem „Lebenszusammenhang" (S. 26). „Zwischen dem Anfangs- und dem Schlußpunkt einer Geschichte spiegelt die Ereigniskette einen kontinuierlichen Zusammenhang vor" (S. 26). Die erzählerische Fiktion bietet „grundsätzlich" (S. 26) einen „Lebenszusammenhang" (S. 26) dar.
S. 28 heißt es unter der Überschrift „Geschichtsumriß und Lebensdarbietung": „Bestimmte *Entwicklungen, Charaktere, Konflikte* und *Ideen* verlangen zu ihrer Darstellung, einfach gesprochen, nach einem langen, andere gerade nach einem kurzen *Handlungsablauf*" (Hervorhebung, R. B.). Erzählungen der ersteren Art machen die „*Wandlungen* der äußeren Welt und der Charaktere gerade in ihrem *mählichen Werden* und *Reifen* begreiflich" (Hervorhebung, R. B.). Die „heilende Kraft der Zeit selbst kann in ihrer Wirkung gezeigt werden" (S. 29).
S. 36: Geschehensverläufe werden grob aber einhellig unterschieden in solche, die eine „Krisis zum Austrag bringen, und solche, die ganze Lebensläufe oder doch deren Hauptabschnitte nachzeichnen".
Folglich können Werktypen unterschieden werden (vgl. S. 42):

Die zentrale Bedeutung, die Lämmert der handlungsmäßigen Entwicklung von Geschehniszusammenhängen als dem artbestimmenden Konstituens von Erzählwerken zumißt, kann sich auf eine breite Tradition stützen, wie ein Blick auf einige wenige markante erzähltheoretische Positionen belegen möge.

So definiert Robert *Petsch*[21] den Gegenstand des Erzählers als Geschehnis- und Werdevorgang[22] und postuliert, daß „das Epos im tiefsten Grunde auf ein Werden, eine zielgerechte Wandlung, eine Entwicklung aus(gehe), die das Wesen einer Person oder einer Menschengruppe, einer bestimmten auffallenden Lage oder eines Verhältnisses zwischen verschiedenen Mächten als eine Folge von Zuständen auf das reinste entfaltet, bis der innere Sinn des Entwickelten voll zutage tritt"[23]. Weiter heißt es, daß die Erzählung eine „Evolution"[24] verfolge, die „Auswicklung eines von Anfang an fertigen oder erkennbar auf ein inneres Ziel hin gestalteten, eines ‚präformierten Keimes'"[25]. So verläuft denn auch der epische Bericht als die nach Petsch wichtigste Darbietungsform der Epik „nicht nur als Wortfolge in der Zeit; (sondern) er selbst ist, seinem Wesen nach, schon in sich gerundete und ‚erfüllte' Zeit; was er darstellt oder (im höchsten Falle) gestaltet, ist wieder erhöhtes, bedeutungsvolles menschliches Sein, das sich als betonter sinnvoller Zeitverlauf gibt"[26]. Die Dimension der erzählten Zeit, die Zeit selber stellt sich dar als „das Hindrängen auf ein Ziel, das Werden des ‚Ergebnisses' in der Entwicklung des Vorgangs selbst"[27]. Die „merk-

a) Krisengeschichte – Lebensgeschichte
b) einsinnige – aufgesplitterte Geschichte
c) dominierendes äußeres Geschehen – verdeckte, überwucherte Geschichte.
S. 192 f.: „Vergangenheit und Zukunft sind in der Dichtung aufeinander zugeschnitten, wobei keineswegs Kausalität, jedenfalls aber *Finalität* das ontologische Kriterium dieses Zusammenspiels ist" (Hervorhebung, R. B.).
Aus diesen Zitaten ergibt sich unseres Erachtens zwingend: Lämmert versteht unter Handlung das mähliche, final auf ein Ziel hin ausgerichtete Werden im Sinne der Entwicklung innerer und äußerer Geschehnisse. Die Zeit ist dann das Medium, in dem solch mähliches Werden sich nur verwirklichen kann.
Lämmerts Kategorien zur Beschreibung von Bauformen des Erzählens legen also zugleich mit dem Begriff der Sukzession dessen Interpretation als Handlung im Sinne von Evolution zugrunde.
[21] Robert Petsch, Wesen und Formen der Erzählkunst, a.a.O.
[22] Vgl. Petsch, a.a.O., S. 60.
[23] Petsch, a.a.O., S. 67.
[24] Petsch, a.a.O., S. 68.
[25] Ebenda.
[26] Petsch, a.a.O., S. 65.
[27] Petsch, a.a.O., S. 66.

liche Entfaltung in der *Zeit*, (...), (diese) lineare Entfaltung selbst ist ein Sinnbild des Schicksals (...)"[28]. Diese Interpretation deckt sich mit Emil *Staigers* Definition des Romans, derzufolge der Roman „als eine christliche Erfindung den Menschen in zeitlicher Spannung als wesentlich sich entwickelndes Wesen zeigt"[29]. *Koskimies*[30] fordert: „(...) es muß etwas *geschehen*, anders kann von einer Erzählung nicht die Rede sein. Irgendein Entwicklungsverlauf muß (...) zurückgelegt werden, (der) von menschlicher Tragweite ist"[31]. Und unter Hinweis auf die schon bei Aristoteles gegebene Gegenstandsbestimmung der erzählenden Dichtung sieht er in der Ausfaltung der Fabel mit Anfang, Mitte, Ende[32], Perepetien und Krisen[33] das „eigentliche Formelement der erzählenden Dichtung"[34]. „Doch zeigt sich der Erzähler und Menschenschilderer, mit einem Wort gesagt, der Romanschreiber, wenn er ein eigentlich schaffender Künstler ist, vor allem auch in seiner Technik als solcher, vor allem als Entwickler der *Fabel*, als Vorwärtsbringer des Flusses der Erzählung"[35]. Der „entwicklungsartige Charakter der Fabel"[36] ist das Kennzeichen der „wahrhaften"[37] Erzähler. So bedeutet es denn auch für Koskimies schon einen Verlust an epischer Substanz, wenn in „den Theorien Zolas und seiner Schüler (...) der Fabel kaum Aufmerksamkeit zugewandt"[38] wird. „Seitdem man den Roman als eine in den Theorien Zolas vorgezeichnete naturwissenschaftliche Studie anzusprechen begonnen hat, und seitdem auf der anderen Seite der psychologisch-deskriptive oder impressionistisch lyrische Romantyp zu einer so hervorragenden Stellung in der neuesten Literatur aufgestiegen ist, hat man bewußt die Bedeutung dieses Elements (der Fabel, R. B.) zu mindern gesucht"[39]. Was Koskimies Fabel nennt, heißt bei E. M. *Forster*[40] Geschichte und wird dort ebenso hartnäckig als der eigentliche „Grundaspekt des Romans"[41] verteidigt: „(...) der Roman erzählt eine Geschichte. Das ist das

[28] Petsch, a.a.O., S. 74.
[29] Staiger, a.a.O., S. 127.
[30] Rafael Koskimies, Theorie des Romans, a.a.O.
[31] Koskimies, a.a.O., S. 169. Hervorhebung im Text kursiv.
[32] Vgl. Koskimies, a.a.O., S. 171.
[33] Vgl. Koskimies, a.a.O., S. 177.
[34] Koskimies, a.a.O., S. 170.
[35] Koskimies, a.a.O., S. 167. Hervorhebung im Text kursiv.
[36] Koskimies, a.a.O., S. 169.
[37] Ebenda.
[38] Koskimies, a.a.O., S. 170.
[39] Koskimies, a.a.O., S. 183.
[40] E. M. Forster, Ansichten des Romans, a.a.O.
[41] Forster, a.a.O., S. 33.

Fundament, ohne das er nicht bestehen kann, der höchste gemeinsame Nenner für alle Romane"[42]. Eine Geschichte ist das Erzählen von Begebenheiten in zeitlicher Folge mit der Absicht, „die Neugier der Zuhörer auf das, was weiter geschieht"[43] zu spannen. Solche Spannung ist aber gebunden an den entwicklungsmäßigen Ablauf von Handlungen. – Bei Otto *Ludwig*[44] lesen wir: „Ein so großes Tier wie ein Roman muß notwendig ein Rückgrat haben"[45], sei das die „Geschichte des Helden"[46] oder „irgendein Äußeres, ein zu erringender oder zu schützender Besitz oder dergleichen"[47], immer beziehen sich alle „Personen wie alle Nebenbegebenheiten (...) auf diese Hauptbegebenheit"[48]. In jedem Falle: will die Erzählung Erzählung sein, muß ihr Gang „entweder analytisch oder synthetisch sein. D. h. eine Geschichte liegt entweder ihren Hauptbedingungen nach vor dem Anfang der Erzählung oder so, daß in dieser selbst nur eigentlich die Lösung vorgeht, oder wir sehen aus Gegebenem erst die Verwirklichung entstehen und dann sich lösen"[49]. *Blanckenburg*[50] fordert vom Roman, daß er den inneren Werdegang wirklicher Menschen naturwahr und umstandsgetreu darstellen soll. Nicht die bloße Erzehlung der sich zugetragenen Sachen"[51] ist sein Gegenstand, sondern die Aufhellung der Frage: „Wie hat sich das zutragen können?"[52] denn jede „wirklich werdende Begebenheit hat ein doppeltes Verhältniß; einmal ist sie *Wirkung* vorhergegangener, - und dann ist sie *Ursache* folgender Begebenheiten"[53]. So sind denn alle dargestellten Episoden in der Erzählung als Phasen bezogen auf den Entwicklungsgang und Reifeprozeß des Helden: eines *„möglichen Menschen der wirklichen Welt"*[54]. Dem Leser das mähliche Werden dieses Menschen in möglicher Vollständigkeit vorzuführen ist die Aufgabe des Romans[55]. An die Stelle der willkürlich einander überbietenden Abenteuerepisoden des Abenteurer-

---

[42] Forster, a.a.O., S. 33 f.
[43] Forster, a.a.O., S. 35.
[44] Otto Ludwig, Epische Studien, a.a.O., Bd. 6, S. 337 ff.
[45] Ludwig, a.a.O., S. 340.
[46] Ebenda.
[47] Ebenda.
[48] Ebenda.
[49] Ludwig, a.a.O., S. 365.
[50] Friedrich von Blanckenburg, Versuch über den Roman, a.a.O.
[51] Blanckenburg, a.a.O., S. 260.
[52] Ebenda. Im Text hervorgehoben durch Großdruck.
[53] Blanckenburg, a.a.O., S. 261. Im Text hervorgehoben durch Großdruck.
[54] Blanckenburg, a.a.O., S. 257. Im Text hervorgehoben durch Großdruck.
[55] Vgl. Lämmert, Nachwort zu Blanckenburg, a.a.O., S. 555.

romans tritt der Bildungsplan des Helden „als das Prinzip, das alle äußeren Begebenheiten, den gesamten Kreis der Nebenpersonen und selbst die
noch zugelassenen Episoden als Agentia oder mindestens als Spiegelelemente
dem Entwicklungsgang der Hauptperson zuordnet"[56].

Die bei Blanckenburg vorgetragenen Äußerungen über die Bindung der
Episoden an den Entwicklungsgang des Helden verweisen schließlich auf
Lessing[57], dessen aus den aristotelischen Regeln abgeleitete Forderung nach
einer einheitlichen, kausal begründeten Handlung sie implizieren. Zwar, wie
Lämmert bemerkt, bedurfte es zur „Anwendung dieser Regeln auf den neu
konzipierten Roman wichtiger Modifikationen"[58], in sofern bei Blanckenburg an die Stelle der „Einheitstheorie"[59] eine „Ganzheitstheorie"[60] tritt,
„die der zeitlich und räumlich *offenen* Entfaltung der Romanhandlung bei
aller Zielgerichtetheit den nötigen Spielraum"[61] läßt, das eigentliche Kriterium jedoch, die von Lessing aus dem Begriff der Sukzession gewonnene
Vorstellung vom handlungsmäßigen, kausal begründeten Zusammenhang
des Dargestellten, bleibt unangetastet[62].

Auf Lessing vor allem beruft sich denn auch Lämmert, wenn er das
Prinzip der Sukzession zum allgemeinsten Aufbauprinzip der Erzählkunst
erklärt[63] und feststellt, daß als die „allgemeinste Grundlage des Erzählens
das Vorhandensein einer Handlung oder, noch vorsichtiger gesagt, eines
Geschehensablauf zu gelten"[64,65] habe. Handlung oder Geschehensablauf
sind — mit den Worten Lämmerts — definiert als die „phasenartige Entfaltung und Bewältigung der Geschichte im Erzählvorgang"[66]. Hierin erkennt
nicht nur Lämmert, wie der Blick auf die Forschung andeuten konnte,
die „erste Grundbedingung für die Bauformen des Erzählens"[67].

[56] Lämmert, Nachwort zu Blanckenburg, a.a.O., S. 555.
[57] Lessing, Laokoon, a.a.O., Bd. IV.
[58] Lämmert, Nachwort zu Blanckenburg, a.a.O., S. 555.
[59] Ebenda.
[60] Ebenda.
[61] Ebenda.
[62] Vgl. ebenda.
[63] Vgl. Lämmert, Bauformen, a.a.O., S. 19 f.
[64] Lämmert, Bauformen, a.a.O., S. 24.
[65] Die Kontroverse Herders mit Lessing bestreitet nach Lämmert nicht prinzipiell die
Position Lessings, sondern bedeutet nur eine Korrektur der unzulässigen Überspitzungen
Lessings durch Herder (vgl. Lämmert, Bauformen, S. 19 f.).
[66] Lämmert, Bauformen, a.a.O., S. 243.
[67] Ebenda.

Nun findet sich bei Günther Müller der treffende Satz: „Das Erzählte und die Erzählform ist (...) innig verbunden, und selbstverständlich gehört es zur Gestalt (des Romans, R. B.), daß der Grüne Heinrich mit schweren wirtschaftlichen Schwierigkeiten zu kämpfen hat, daß er frühreif ist, daß seine Liebeswege von Anfang an in vieldeutigen Ambivalenzen verlaufen, daß ihn religiöse Probleme von Kind auf bewegen und daß die Ausbildung seiner Kräfte und Eigenschaften zur Bildung eines Charakters führt (...)"[68]. Erzählform ist also eine Funktion des Erzählten. Mit anderen Worten: da das Erzählte die Erzählabsicht birgt, sind Erzählformen Funktionen von Erzählabsichten.

Wenn Müllers Feststellung von der funktionalen Abhängigkeit von Erzählform und Erzählabsicht, wie wir meinen, zutreffend ist, so ergibt sich, diese Formel auf Lämmert angewendet, folgende These: die phasenartige Entfaltung und Bewältigung der Geschichte im Erzählvorgang ist eine unabdingbare Funktion aller denkbaren Erzählabsichten. Denn das war ja Lämmerts Ansatz: Baugesetzlichkeiten auszumachen, die in „allen existierenden und denkbaren Werken der Erzählkunst auftreten können"[69].

Nun hat aber Lämmert auch darauf hinweisen müssen, daß „abseits"[70] von Erzählungen, deren Aufbauformen wesentlich von der Geschichte bestimmt werden, solche Erzählwerke stehen, „in denen vornehmlich Zuständlichkeiten in einem quasi zufälligen Zeitausschnitt dargeboten werden"[71]. Und es heißt weiter: „In dem Maße, in dem die plane Geschichte von anderen Erzählanliegen überwuchert wird, verlieren auch die Dimensionen der Geschichte für die Dimension des Erzählens an Bedeutung. Und damit werden zwangsläufig die Bauelemente der Sukzession durch andere, kompliziertere überschichtet; zugleich aber verliert das urtümliche „... und dann' seine ordnende Macht"[72].

Um welche Bauelemente es sich dabei handelt, sagt Lämmert nicht, denn für ihn bleibt außer Frage, daß auch in diesen Fällen das allgemeinste Aufbauprinzip der Erzählkunst, das Prinzip der Sukzession, definiert als Handlung oder Folge von Begebenheiten im Rahmen einer Geschichte, zwar *überschichtet,* aber nicht grundsätzlich in Frage gestellt werden kann, an-

---

[68] Müller, Aufbauformen des Romans, a.a.O., S. 294.
[69] Lämmert, Bauformen, a.a.O., S. 16.
[70] Lämmert, Bauformen, a.a.O., S. 29.
[71] Ebenda.
[72] Lämmert, Bauformen, a.a.O., S. 31.

dernfalls Lämmert seinen axiomatischen Ansatz preisgeben oder solche Werke nicht zur Erzählkunst rechnen müßte.

Wenn aber das Erzählen von Geschichten nicht mehr intendiert wird, müssen die anderen, nach Lämmert, komplizierteren Bauformen wichtiger für die Beschreibung von Erzählwerken werden als die aus dem Begriff der Sukzession abgeleiteten Kategorien. Vor eben diese Aufgabe der kategorialen Beschreibung von Bauformen, die sich nicht aus dem Begriff der Sukzession ableiten lassen, des Aufweisens ihrer Funktionen und des Aufrisses eines übergreifenden Systems, in das sie integriert sind, werden wir uns bei der Analyse der Erzählungen Arno Schmidts gestellt sehen.

B) DIE ERZÄHLTHEORETISCHE KONZEPTION ARNO SCHMIDTS

Ehe die morphologische Struktur des Romans DAS STEINERNE HERZ analysiert wird, müssen zuvor einige grundlegende erzähltheoretische Überlegungen Schmidts referiert werden, die das Konstruktionsprinzip seiner Erzählungen wesentlich begründen. Diese programmatischen Beiträge finden sich vor allem in den Aufsätzen BERECHNUNGEN I und II[1], DIE MODERNE LITERATUR UND DAS DEUTSCHE PUBLIKUM[2] und SYLVIE & BRUNO. DEM VATER DER MODERNEN LITERATUR EIN GRUSS![3] Darüber hinaus ist sowohl das erzählerische wie das essayistische Werk durchsetzt von mehr oder weniger umfangreichen Kommentaren zur Theorie der Prosaformen. Hier sind nur solche Äußerungen zu berücksichtigen, die sich auf unsere Frage nach der Anwendbarkeit von Sukzessionskategorien beziehen lassen. Dabei wird freilich zu prüfen bleiben, inwieweit die Theorie und Begriffe Schmidts ausreichen, den Aufbau seiner Erzählungen so detailliert zu beschreiben, wie uns das wünschenswert erscheint, zumal Schmidt nur die augenfälligsten Strukturmerkmale seiner Prosa erläutert.

Schmidts Überlegungen gehen von der Feststellung aus, daß „unsere bisher gebräuchlichsten Prosaformen"[4] – sämtlich spätestens dem 18. Jahrhundert entstammend – „ausnahmslos als Nachbildung soziologischer Gepflogenheiten entwickelt wurden"[5]. „Anekdote, Novelle, Roman, sind genetisch nur durch ihren Umfang unterschieden, und ahmen den ‚Erzähler im lauschenden Hörerkreis' nach"[6]. Schmidt behauptet nicht, dies sei eine neue Erkenntnis, der Rekurs auf die soziologische Herkunft der „älteren"[7] literarischen Formen, von denen Reinhard Baumgart einmal sagt, daß sie „ihre Bildung lauter Spielarten der unveröffentlichten Kommunikation, dem Teegespräch, dem bürgerlichen Briefwechsel, dem Gesandtenbericht,

---

[1] In: Rosen und Porree, a.a.O., S. 283–308.
[2] In: Sind wir noch das Volk der Dichter und Denker? 14 Antworten. A.a.O., S. 96–106.
[3] In: Trommler beim Zaren, a.a.O., S. 253–282.
[4] Schmidt, Berechnungen I, a.a.O., S. 283.
[5] Ebenda.
[6] Schmidt, Sylvie & Bruno, a.a.O., S. 270.
[7] Schmidt, Sylvie & Bruno, a.a.O., S. 269.

dem Tagebuch"[8] verdanken, soll nur den eigenen Ansatz Schmidts verdeutlichen. Dem an der Struktur gesellschaftlicher Gepflogenheiten orientierten
Konstruktionsprinzip, das er keineswegs für „überholt"[9] oder „veraltet"[10]
halten möchte und in dem er durchaus die „optimale (...) Erledigungs-
form"[11] für bestimmte Themenkreise sieht, versucht er ein Konstruktionsprinzip entgegenzusetzen, dessen Struktur die „konforme(n) Abbildung von
Gehirnvorgängen durch besondere Anordnung von Prosaelementen"[12] intendiert. Denn es wäre für die „Beschreibung und Durchleuchtung der Welt
durch das Wort (...) ein verhängnisvoller Fehler, wollte man bei diesen
‚klassischen‘ Bauweisen stehen bleiben"[13], die zwar von Bewußtseinsvor-
gängen erzählen, sie aber nicht formal reproduzieren. Für die „möglichst
getreue Abbildung innerer Vorgänge unter der Einwirkung einer Außenwelt, durch die jeweils gemäßeste Anordnung der Prosaelemente"[14] müssen
daher nach Schmidt in Fortsetzung der vorliegenden bekannten Versuche
(Joyce vor allem) weitere neue Prosaformen entwickelt werden.

Dabei ist gleich an dieser Stelle einem naheliegenden Irrtum zu begegnen:
getreue Abbildung innerer Bewußtseinsvorgänge bedeutet für Schmidt nicht
psychologische Analyse von Verhaltens- und Denkweisen. Das „Problem
der heutigen und künftigen Prosa" ist nach Schmidt nicht der „‚fein-
sinnige‘ Inhalt (...) – der psychologischen Pünktchenmuster und anderen
intimkleinen textilen Varianten werden wir immer genug besitzen – sondern die längst fällige systematische Entwicklung der äußeren Form"[15].
Wenn also von inneren Vorgängen gesprochen wird, sind die strukturellen
Bedingungen der Apperzeption von Wirklichkeit gemeint. Die Inhalte, die
apperzeptiert werden, können beliebigster und belanglosester Art sein. Da
nach dem Schmidtschen Realitätsbegriff – wie später noch ausführlicher
darzustellen sein wird[16] – Realität das ist, was sich in einem subjektiven
Bewußtsein an Welt spiegelt, muß die exakte und konforme Beschreibung
und Durchleuchtung der Welt durch das Wort, wenn sie präzis sein will,
die konforme formale Abbildung dieser Realitätserfahrung gemäß der

---

[8] Baumgart, Aussichten des Romans, a.a.O., S. 49.
[9] Schmidt, Berechnungen I, a.a.O., S. 283.
[10] Ebenda.
[11] Ebenda.
[12] Schmidt, Berechnungen I, a.a.O., S. 284.
[13] Ebenda.
[14] Schmidt, Sylvie & Bruno, a.a.O., S. 272.
[15] Schmidt, Berechnungen I, a.a.O., S. 290.
[16] Vgl. diese Arbeit S. 65 ff.

Struktur des Gehirnvorgangs leisten. Anerkennt man, daß Realität, wie Erich Kahler einmal sagt, nichts anderes als das Ergebnis einer „Wechselwirkung zwischen Mensch und Umwelt"[17] ist, dann darf man Schmidt konzedieren, daß seine Versuchsreihen beanspruchen, „einer konformen Abbildung unserer Welt durch Worte näher zu kommen"[18].

Bisher hat sich Schmidt die „theoretische Durchforschung und praktische Wiedergabe von 4 solchen Bewußtseinstatsachen"[19] zur Aufgabe gemacht. Es handelt sich um die Versuche formaler Reproduktion von:

a) Bewußtseinsprozessen der Erinnerung
b) Bewußtseinsprozessen des Gegenwartserlebens
c) Verdoppelung von Bewußtseinsprozessen durch Überlagerung der objektiven Realitätsebene durch Gedankenspiele
d) Traumvorgängen (da hierfür noch kein Beispiel vorliegt, klammern wir die Überlegungen hierzu aus.)

Bewußtseinsprozesse der Erinnerung haben nach Schmidt eine typische Struktur: „immer erscheinen zunächst, zeitrafferisch, einzelne sehr helle Bilder (meine Kurzbezeichnung ‚Fotos'), um die herum sich dann im weiteren Verlauf der ‚Erinnerung' ergänzend erläuternde Kleinbruchstücke (‚Texte') stellen: ein solches Gemisch von ‚Foto-Text-Einheiten' ist schließlich das Endergebnis jedes bewußten Erinnerungsversuches"[20]. Die formale Reproduktion solcher Erinnerungsprozesse wird zwangsläufig auf alle Aufbauprinzipien verzichten müssen, die den Einduck dynamischer und kontinuierlich phasenhafter Entfaltung von Zusammenhangsvorstellungen hervorrufen. Das Prinzip dieser Konstruktion ist das der Partikularisierung. Folglich nennt Schmidt diese Texte „Fotoalben"[21], wobei dann ein solcher Text, was seine Struktur betrifft, zu den klassischen Erzählformen in einem

[17] Kahler, a.a.O., S. 4.
[18] Schmidt, Berechnungen II, a.a.O., S. 293.
[19] Schmidt, Berechnungen I, a.a.O., S. 284. — Wir referieren in der Reihenfolge der Schmidtschen Darstellung, die zunächst Prozesse der Erinnerung (Prosaversuchsreihe I), dann des Gegenwartsempfindens (Prosaversuchsreihe II) und schließlich des Längeren Gedankenspiels (Prosaversuchsreihe III) erläutert. S. 307 in den Berechnungen II verläßt Schmidt plötzlich diese Folge seiner Argumentation und bezeichnet jetzt als Prosaversuchsreihe I die Prozesse des Gegenwartsempfindens (musivisches Dasein) und als Versuchsreihe II jene der Erinnerung. Da der Leser sich jedoch an der Folge der vorangegangenen Darstellung orientiert, bleiben wir bei der von uns gewählten Einteilung der drei Prosaversuchsreihen.
[20] Schmidt, Berechnungen I, a.a.O., S. 285.
[21] Schmidt, Berechnungen I, a.a.O., S. 286.

Verhältnis stünde, das dem von einem Fotoalbum zu einem Film entspräche[22]. Paradigma dieser Reihe: SEELANDSCHAFT MIT POCAHONTAS[23].

Die zweite Versuchsreihe neuer Prosaformen ist eine *Variante* der ersten. Das strukturbestimmende Merkmal sowohl der Bewußtseinstatsache wie des Konstruktionsprinzips ist auch hier Partikularisierung und Diskontinuität. Das wird von Schmidt wie folgt begründet: „(...) man rufe sich am Abend den vergangenen Tag zurück, also die ‚jüngste Vergangenheit‘ (die auch getrost noch als ‚älteste Gegenwart‘ definiert werden könnte): hat man das Gefühl eines ‚epischen Flusses‘ der Ereignisse? Eines Kontinuums überhaupt? Es gibt diesen epischen Fluß, auch der Gegenwart, gar nicht. Jeder vergleiche sein eigenes beschädigtes Tagesmosaik!

Die Ereignisse unseres Lebens springen vielmehr. Auf dem Bindfaden der Bedeutungslosigkeit, der allgegenwärtigen langen Weile ist die Perlenkette kleiner Erlebniseinheiten, innerer und äußerer, aufgereiht. Von Mitternacht zu Mitternacht ist gar nicht ‚1 Tag‘, sondern ‚1440 Minuten‘ (und von diesen sind wiederum höchstens 50 belangvoll!).

Aus dieser porösen Struktur auch unserer Gegenwartsempfindung ergibt sich ein löcheriges Dasein (...)"[24]. „Der Sinn dieser ‚zweiten‘ Form ist also, an die Stelle der früher beliebten Fiktion der ‚fortlaufenden Handlung‘ ein der menschlichen Erlebnisweise gerechter werdendes, zwar magereres aber trainierteres, Prosagefüge zu setzen"[25]. Paradigma der zweiten Reihe: DAS STEINERNE HERZ[26].

Das Kennwort der letzten Versuchsreihe heißt: Gedankenspiel. Das Gedankenspiel ist nach Schmidt „kein seltener oder auch nur extremer Vorgang, sondern gehört zum unveräußerlichen Bestand unserer Bewußtseinstatsachen: ohne der Wahrheit Gewalt anzutun, läßt sich behaupten, daß bei jedem Menschen die objektive Realität ständig von Gedankenspielen, meist kürzeren, nicht selten längeren, überlagert wird"[27]. Folglich ist das wichtigste strukturelle Bestimmungsmerkmal dieser Gruppe die

---

[22] Vgl. Schauder, a.a.O., S. 42.
[23] Das zweite vorliegende Beispiel für diese Reihe ist die Erzählung *Die Umsiedler.*
[24] Schmidt, Berechnungen I, a.a.O., S. 290 f.
[25] Schmidt, Berechnungen I, a.a.O., S. 291.
[26] Weitere Beispiele sind: *Leviathan oder die Beste der Welten; Enthymesis oder W. I. E. H.; Aus dem Leben eines Fauns; Brand's Haide; Schwarze Spiegel* (vgl. dazu auch Anmerkung Nr. 29: da die E I nicht dargestellt ist, rechnet die Erzählung ebensowohl zu dieser Versuchsreihe.); *Alexander oder Was ist Wahrheit; Kosmas oder Vom Berge des Nordens; Die Gelehrtenrepublik; Tina oder über die Unsterblichkeit.*
[27] Schmidt, Berechnungen II, a.a.O., S. 295.

„doppelte Handlung"[28]. Dabei sind die beiden Handlungsstränge *in sich* wieder nach dem Konstruktionsprinzip der zweiten und ersten Versuchsreihe gebaut. Paradigma dieser Reihe: KAFF AUCH MARE CRISIUM[29].

Schmidt hat nun für die erste und dritte seiner Versuchsreihen weitere formale und thematische Differenzierungsmöglichkeiten ausgearbeitet und tabellarisch dargestellt[30]. Da diese jedoch das Konstruktions*prinzip* der jeweiligen Reihe selbst nicht verändern, brauchen wir nicht darauf einzugehen.

Wir resümieren: das jeweilige Konstruktionsprinzip *aller* drei Versuchsreihen ist orientiert an der von Schmidt angenommenen Struktur bestimmter Bewußtseinstatsachen und versucht deren konforme Abbildung durch gemäße Anordnung von Prosaelementen. Die strukturbestimmenden Merkmale der den Versuchsreihen zugrundegelegten Bewußtseinstatsachen sind im wesentlichen Partikularität und Diskontinuität[31].

Das hat thematische und formale Konsequenzen. Wenn Partikularität und Diskontinuität das Bewußtseinskriterium des erlebenden und erzählenden Ich sind, dann ist nicht nur formal, sondern auch vom Thema her die Darstellung von Handlungszusammenhängen unmöglich. Zugleich wird die Vorstellung von der phasenartigen Entfaltung der Geschichte im Erzählvorgang fragwürdig. Das bedeutet aber letztlich, daß auch die Grundlage aller aus dem Begriff der Sukzession abgeleiteten Kategorien, die ontologische Prämisse von dem strukturbestimmenden Prinzip der Sukzession als des alleinigen Generalnenners allen Erzählens angetastet wird. Vor dem Hintergrund solchen erzähltheoretischen Problembewußtseins wollen wir die Analyse und Beschreibung der morphologischen Struktur des Romans DAS STEINERNE HERZ beginnen.

[28] Schmidt, Berechnungen II, a.a.O., S. 294.
[29] Auch die Erzählungen *Schwarze Spiegel* und *Gadir oder Erkenne dich selbst* zählen zu Grunde genommen zu dieser Reihe. Vgl. zu *Schwarze Spiegel* Schmidt, Berechnungen II, S. 297: „(. . .) es war das E II meiner Kriegsgefangenschaft, 1945, im Stacheldrahtkäfig vor Brüssel, there was a sound of revelry by night". *Gadir* stellt den ersten Versuch dieser Reihe dar: „Ich habe erst einmal zögernd die Hand in dergleichen geübt (‚Gadir'); jedoch war bei dem 1948 erschienenen Stück, in jener papierarmen Zeit, an eine raumverschwendende Druckanordnung gar nicht zu denken; so ließ ich denn E I und E II, beide überhaupt noch mit ungenügender Technik gehandhabt, nach alter Art zusammendrucken" (Berechnungen II, S. 307).
[30] Vgl. Schmidt, Berechnungen I und II, a.a.O., S. 288 f. und S. 304 f.
[31] Dieser allen Erzählungen der drei Prosaversuchsreihen gemeinsame Nenner erlaubt deren strukturelle Übereinsicht und begründet neben anderen, hier noch nicht zu erörternden Faktoren, die exemplarische Relevanz der Analysenergebnisse für alle Erzählwerke der drei Prosaversuchsreihen.

C) DIE ABBREVIATORISCHE STRUKTUR DES ERZÄHLVORGANGS BEI ARNO SCHMIDT

I. *Einzelsituation und Situationszusammenhang*

Die 287 Seiten des Romans DAS STEINERNE HERZ zeigen das auch für die anderen Erzählungen der zweiten Versuchsreihe charakteristische Bild der Aufsplitterung des Drucksatzes in kleine und kleinste Abschnitte. Hier sind es 1093 Abschnitte, aus denen der Roman zusammengesetzt ist[1].

Eine erste Einsicht in die formale Ordnung des Romans vermittelt die Untersuchung des quantitativen Verhältnisses von Erzählzeit zu erzählter Zeit.

Die Erzählzeit des Romans beträgt 287 Seiten oder 1093 Abschnitte. Die erzählte Zeit[2] reicht vom 28. 7. 1954 bis zum 8. 12. 1954; das sind vier Monate und elf Tage. Dargestellt werden 13 Tage. Und zwar: im Teil I, beginnend mit dem 28. 7., die Tage Mittwoch, Sonnabend, Sonntag, Montag; vier Herbsttage in Teil II; Teil III setzt ein am 4. 12. und stellt dar

---

[1] Das Eingangsgedicht wird nicht berücksichtigt.

[2] Die Daten und Wochentage errechnen sich wie folgt: S. 182, Nr. 735 stellt Eggers fest: „((. . .): 4 Monate war ich jetzt hier. 4 Monate und 1 Woche)." Der Tag, an dem Eggers dies sagt, ist lt. S. 187, Nr. 737 der 4. 12. 1954; das ist lt. S. 193, Nr. 764 ein Sonnabend: der 2. 12. war ein Donnerstag. Rechnet man 4 Monate und 1 Woche zurück, ergibt sich als Datum für den

1. Tag: lt. Kalender des Jahres 1954 Mittwoch, d. 28. 7. 1954. Damit stimmt auch überein, daß S. 15, Nr. 42 vom Friedländer-Kommentar im Radio die Rede ist, der 1954 nur mittwochs von 18.55 Uhr–19.00 Uhr im NWDR gesendet wurde.

2. Tag: Sonnabend; S. 29, Nr. 111: die Glocken läuten den Sonntag ein.

3. Tag: Sonntag; S. 44, Nr. 169: Eggers spricht von der „sonntagsfaulen Sonne".

4. Tag: Montag; S. 66: Übergang von Sonntag auf Montag.

Teil II: Herbstzeit, vgl. S. 101, Nr. 416; S. 102, Nr. 417: „nettbefurchte Felder", „gefallenes Laub".

Teil III:

1. Tag: Sonnabend: lt. S. 186, Nr. 735 und S. 193, Nr. 764.

2. Tag: Sonntag: S. 199, Nr. 787 (Glockengeläut).

3. Tag: Montag: Lines Ankunft wird lt. S. 199, Nr. 788 für Montag avisiert; Ankunft: S. 214, Nr. 847.

4. Tag: Dienstag: S. 237, Nr. 927 wird Abreise für den folgenden Tag angekündigt, folglich ist S. 239, Nr. 933 ein Dienstag.

5. Tag: Mittwoch: S. 278, Nr. 1061 hat Line Magenschmerzen, die sie am *anderen* Tag (S. 280, Nr. 1068) dem eben aus Berlin zurückgekehrten Karl eingesteht.

die aufeinanderfolgenden Tage Sonnabend, Sonntag, Montag, Dienstag und Mittwoch.

Setzt man Erzählzeit (Zahl der Abschnitte) und erzählte Zeit in Beziehung zueinander, so ergibt sich folgende Gruppierung der Abschnitte:

Tag	Seite	Nummer des Abschnitts	Anzahl der Abschnitte
Mittwoch	1– 18	1– 56	56
Sonnabend	18– 43	57–163	107
Sonntag	43– 66	164–267	104
Montag	66– 89	268–371	104
			371
Teil II			
1. Tag	90–119	372–486	115
2. Tag	119–147	487–589	103
3. Tag	147–176	590–693	104
4. Tag	176–185	694–733	40
			362
Teil III			
Sonnabend	186–199	734– 784	51
Sonntag	199–212	785– 836	52
Montag	212–239	837– 932	96
Dienstag	239–278	933–1062	130
Mittwoch	278–287	1063–1093	31
			360

Diese Übersicht gewährt einen zunächst rein quantitativen Einblick in die abschnitthafte Organisation des Romans. Die drei Teile sind hinsichtlich der Anzahl ihrer Abschnitte nahezu symmetrisch aufgebaut. Das Kompositionsprinzip der Ausbalancierung spiegelt sich auch in dem Verhältnis von Abschnitten pro Tag wieder. Lediglich die Quoten 56,40 und die Reihe des dritten Teiles scheinen das Gleichgewicht zu stören. Diesen niedrigeren bzw. höheren Anzahlen von Abschnitten pro Tag korrespondieren jedoch jeweils mehr oder weniger Seiten pro Tag, so daß auch hier die ausbalancierte Organisation des Materials wahrnehmbar bleibt. So erscheint die Darstellung der Einzeltage stark geprägt durch die Untergliederung in kleine und kleinste Abschnitte.

Wir erinnern uns: der Sinn dieser zweiten Form sollte sein, an die Stelle der „früher beliebten Fiktion der ‚fortlaufenden Handlung‘"[3] „die Perlenkette kleiner Erlebniseinheiten, innerer und äußerer"[4] zu setzen, um so ein der „menschlichen Erlebnisweise gerechter werdendes (...) Prosagefüge"[5] zu schaffen. Die Struktur dieser Erlebnisweise läßt Schmidt einmal paradigmatisch von Düring, dem Ich-Erzähler des FAUN-Romans, formulieren:

> „*Mein Leben?!:* ist kein Kontinuum! (nicht bloß durch Tag und Nacht in weiß und schwarze Stücke zerbrochen! Denn auch am Tage ist bei mir der ein Anderer, der zur Bahn geht; im Amt sitzt; büchert; durch Haine stelzt; begattet; schwatzt; schreibt; Tausendsdenker; auseinanderfallender Fächer; der rennt; raucht; kotet; radiohört; ‚Herr Landrat‘ sagt: that's me!): ein Tablett voll glitzernder snapshots. (...)
> *Aber* als majestätisch fließendes Band kann ich mein Leben nicht fühlen; nicht ich! (Begründung)"[6].

Wir kennen nun zwar die formale Erzählabsicht und das Bewußtseinsmuster, welches dem Konstruktionsprinzip dieser Reihe zugrundeliegt, wir erkennen auch in der abschnitthaften Zergliederung des Textes den Versuch, dies Muster formal zu reproduzieren, dennoch bleibt die Frage, wie diese Abschnitte als Bauelemente des Erzählens *innerhalb* des Erzählvorgangs funktionieren und welche anderen Konstruktionsfaktoren die Aufbauformen dieser Erzählungen bestimmen. Dieser Frage gehen wir nach anhand der Detailanalyse des ersten dargestellten Tages.

56 Abschnitte bilden den ersten Tag. Jeder Abschnitt stellt eine bestimmte *Einzelsituation* innerhalb des Tages dar, deren geographischer und chronologischer Bezug zur Tagesrealität identifizierbar ist. Die inhaltlich oft heterogenen Einzelsituationen werden durch begrenzte, inhaltlich konstante *Grundsituationen,* auf die sie bezogen sind, locker zusammengehalten. Einen solchen Komplex einer bestimmten Anzahl von Einzelsituationen nennen wir einen *Situationszusammenhang.* Fertigt man unter den Gesichtspunkten Situationsort, Tageszeit und Grundsituation eine tabellarische Übersicht für alle 56 Abschnitte an, so ergibt sich folgende Darstellung:

---

[3] Schmidt, Berechnungen I, a.a.O., S. 291.
[4] Ebenda.
[5] Ebenda.
[6] Schmidt, Faun, a.a.O., S. 7, Nr. 4.

Nr.	Situationsort	Tageszeit	Grundsituation
1	Chaussee	Vormittag	Auf dem Weg nach Ahlden
2	Chaussee	Vormittag	Auf dem Weg nach Ahlden
3	Chaussee	Vormittag	Auf dem Weg nach Ahlden
4	Chaussee	Vormittag	Auf dem Weg nach Ahlden
5	Chaussee	Vormittag	Auf dem Weg nach Ahlden
6	Chaussee	Vormittag	Auf dem Weg nach Ahlden
7	Im Ort	Vormittag	Adressensuche
8	Vor der Ladentür	Vormittag	Adressensuche
9	Im Laden	Vormittag	Adressensuche
10	Vor und in dem Laden des Eisverkäufers	Vormittag	Adressensuche
11	Beim Eisverkäufer	Vormittag	Adressensuche
12	Beim Eisverkäufer	Vormittag	Adressensuche
13	Beim Eisverkäufer	Vormittag	Adressensuche
14	Beim Eisverkäufer	Vormittag	Adressensuche
15	Straße	Vormittag	Adressensuche
16	Schlachterladen	Vormittag	Adressensuche
17	Straße	Vormittag	Adressensuche
18	Vor d. Feuerwehrhaus	Vormittag	Adressensuche
19	Vor d. Schloßapotheke	Vormittag	Adressensuche
20	Vor Thumanns Haus	Vormittag	Vor Thumanns Haus
21	Vor Thumanns Haus	Vormittag	Vor Thumanns Haus
22	Vor Thumanns Haus	Vormittag	Vor Thumanns Haus
23	Vor Thumanns Haus	Vormittag	Vor Thumanns Haus
24	Vor der Haustür	Mittag	Mietantrag
25	Vor der Haustür	Mittag	Mietantrag
26	Vor der Haustür	Mittag	Mietantrag
27	Im Laubengang	Mittag	Mietantrag
28	In der Wohnküche	Mittag	Mietantrag
29	In der Wohnküche	Mittag	Mietantrag
30	In der Wohnküche	Mittag	Mietantrag
31	Weg zur Stadt	Mittag	Spaziergang
32	Haus der Hebamme	Mittag	Spaziergang
33	Weg zur Post; Post	Mittag	Spaziergang
34	Postamt	Mittag	Spaziergang

Nr.	Situationsort	Tageszeit	Grundsituation
35	Bei Thumanns, oben	fr. Nachmittag	Einzug
36	Das Zimmer	fr. Nachmittag	Einzug
37	Dachluke	fr. Nachmittag	Einzug
38	Das Zimmer	fr. Nachmittag	Einzug
39	Klo	Abend	Kontaktaufnahme
40	Im Garten	Abend	Kontaktaufnahme
41	Im Garten	Abend	Kontaktaufnahme
42	In der Wohnküche	Abend	Kontaktaufnahme
43	In der Wohnküche	Abend	Kontaktaufnahme
44	In der Wohnküche	Abend	Kontaktaufnahme
45	Vor dem Haus	Abend	Allein vor dem Schlafen
46	Wohnküche	Abend	Allein vor dem Schlafen
47	Treppenhaus	Abend	Allein vor dem Schlafen
48	Dachluke	Abend	Allein vor dem Schlafen
49	Zimmer	Abend	Allein vor dem Schlafen
50	Zimmer	Abend	Allein vor dem Schlafen
51	Fenster	Abend	Allein vor dem Schlafen
52	Zimmer	Abend	Allein vor dem Schlafen
53	Zimmer	Abend	Allein vor dem Schlafen
54	Zimmer	Abend	Allein vor dem Schlafen
55	Zimmer	Abend	Allein vor dem Schlafen
56	Bett	Abend	Allein vor dem Schlafen

Aus dieser Übersicht erhellt, daß sich die 56 Abschnitte des ersten dargestellten Tages zu acht Komplexen ordnen lassen. Das Kriterium dieser Komplexe ist eine begrenzte, inhaltlich konstante Grundsituation. Die Komplexe nennen wir Situationszusammenhänge. Acht solcher Situationszusammenhänge bestimmen den Aufbau des ersten Tages.

(1) Auf der Chaussee nach Ahlden   Nr. 1– 6; S. 7– 8
(2) Adressensuche   Nr. 7–19; S. 8–10
(3) Vor dem Haus Thumanns   Nr. 20–23; S. 10–11
(4) Mietantrag   Nr. 24–30; S. 11–12
(5) Spaziergang   Nr. 31–34; S. 12–13
(6) Einzug   Nr. 35–38; S. 13–14
(7) Kontaktaufnahme   Nr. 39–44; S. 14–16
(8) Allein vor d. Schlaf.   Nr. 45–56; S. 16–18

Nun läßt sich die tabellarische Aufzählung der acht Situationszusammenhänge des ersten Tages zwanglos auch so formulieren:

(1) Walter Eggers kommt zu Fuß nach Ahlden, (2) erfragt, sucht und (3) findet das Haus der Thumanns, (4) mietet ein Zimmer, (5) vertreibt sich, bis dies hergerichtet ist, die Zeit im Ort, (6) zieht ein, (7) nimmt erste Kontakte zu dem Ehepaar auf (8) und verbringt, ehe er zu Bett geht, den Rest des Abends für sich allein.

So dargestellt, könnte es sinnvoll erscheinen, die Struktur des Erzählvorgangs als achtmalige Phasierung eines Geschehensablaufes zu beschreiben. Die 56 Einzelsituationen wären als kleinste Phasen jeweils umfassenderer Phasen des Gesamtvorgangs zu denken. Die Begriffe Einzelsituation und Situationszusammenhang erschienen demnach als ungenaue und überflüssige Synonyme für Phase und Phasenfolge.

„Einzelsituation" und „Situationszusammenhang" als Termini zur Beschreibung von Aufbauprinzipien des Erzählens bei Schmidt müssen also, sollen sie gerechtfertigt sein, nachweisbar eine andere Erzählstruktur decken, als es der Begriff der Phase tut. Um diesen Nachweis zu erbringen, fahren wir in der Analyse fort und untersuchen den Aufbau des Situationszusammenhanges „Adressensuche".

II. *Analyse der Einzelsituationen des Situationszusammenhanges* *„Adressensuche"*

Der Situationszusammenhang „Adressensuche" setzt sich aus dreizehn Einzelsituationen zusammen. Jede dieser Einzelsituationen fixiert in der Art einer *Momentaufnahme* einen bestimmten Augenblick innerhalb der Grundsituation Adressensuche. Diese Augenblicke sind von geringster räumlicher und zeitlicher Ausdehnung. Ihr Charakter ist, wie der Begriff Momentaufnahme und die von Schmidt benutzten Bezeichnungen „Schnappschuß"[7] und „Bilderkachel"[8] besagen, vorwiegend statisch. Diese Termini und der schon eingeführte Begriff von der inneren und äußeren *Erlebniseinheit* besagen zugleich, daß Einzelsituationen relativ selbständige und gegenüber anderen Einheiten deutlich abgegrenzte Situationen sind. Diese Abgrenzung wird noch dadurch unterstrichen, daß die Einzelsituationen

---

[7] Ebenda.
[8] Schmidt, Faun, a.a.O., S. 18, Nr. 92.

zeitlich voneinander abgerückt werden; Situationen, die zwischen ihnen liegen und sie verbinden könnten, werden ausgespart, so daß die Lücke von Situation zu Situation spürbar und der stationäre Charakter der Einzelsituation betont wird.

Wenn sich solchermaßen der Situationszusammenhang „Adressensuche" als die *musivische Kombination* von dreizehn Einzelsituationen darstellt, wird die Analyse des Erzählvorgangs differenzieren müssen zwischen Aufbauvorgängen, die den *internen* Aufbau der Einzelsituation betreffen, und solchen, die das Konstruktionsprinzip der Kombination von Einzelsituationen bestimmen. Wir unterscheiden also zwischen *situationsinternen* und *situationsexternen* Erzählstrukturen, wobei diese Unterscheidung so deutlich in erster Linie aus systematischen Gründen erfolgt, denn beide Strukturen sind Komponenten der Struktur des Gesamterzählvorgangs. Damit ergibt sich für die Untersuchung die Aufgabe, die Beziehung beider Erzählstrukturen zueinander zu analysieren, d. h. zu fragen, wieweit das Kombinationsprinzip die Struktur der Einzelsituation bestimmt und inwieweit der Erzählvorgang innerhalb der Einzelsituation das Verfahren dieses Kombinationsprinzips wiederholt, insofern ja die Einzelsituation ihrerseits auch einen kleinsten Situationszusammenhang darstellt, in dem heterogene Erlebnispartikel zu einer Erlebniseinheit kombiniert werden.

Die folgende Detailanalyse wird nur solche Aufbauelemente berücksichtigen, die im Zusammenhang mit der in diesem Kapitel abzuhandelnden Frage nach der Anwendbarkeit von Sukzessionskategorien stehen. Das bedeutet Verzicht auf erschöpfende, alle Erzählkriterien einschließende Interpretation.

Unsere Untersuchung geht in der Reihenfolge des Textes vor, um der besseren Vergegenwärtigung willen werden die einzelnen Abschnitte der Analyse noch einmal vorangestellt.

Nr. 7/S. 8:

Im Ort: Fachwerk schwarz und rot; (also jetzt systematisch: ich, vom Regen geköpert); mit leise sprudelnden Dächern: an manchen hingen Blechschlangen herunter, bogen mühsam den Rachen ab, und erbrachen, stoßweise, unaufhörlich.

Im Ort: diese erste Mitteilung umreißt den Situationsbereich, in dessen Grenzen die Einzelsituationen der Adressensuche liegen werden. Es folgt die stichwortartige Fixierung der gegenwärtigen äußeren und inneren Situation des Eggers: Fachwerk; Dächer; Regenrinnen; strömender Regen; eine Ankündigung: also jetzt systematisch. Wir nennen diese fragmentarischen Informationen zur Situation hinfort *Situationsindikatoren.* Will man die Struktur des situationsinternen Erzählvorgangs beschreiben, so läßt sie sich als das Stenogramm von Situationsindikatoren definieren. Mit einem Minimum an Informationen wird die Situation des Eggers bei der Ankunft in Ahlden skizziert: Standort, Atmosphäre und ein Entschluß. Diese Partikel werden zu einer Erlebniseinheit oder Einzelsituation kombiniert, wobei die Bezeichnungen *fragmentarisch, stichwortartig* und *Stenogramm* die Struktur des Kombinationsverfahrens beschreiben: Verzicht auf hypotaktische Entfaltung von Zusammenhängen, stattdessen parataktische und elliptische Reihung von Informationspartikeln. So ist der Text „*also jetzt systematisch: ich, vom Regen geköpert*" die elliptische Abkürzung des Satzes: Während ich vom Regen durchnäßt dastand, nahm ich mir vor, jetzt (bei der Suche nach der Adresse der Thumanns) systematisch vorzugehen.

Dieser Satz „also jetzt systematisch" ist nun auch ein Indiz für den strukturbestimmenden Einfluß, den das Konstruktionsprinzip der musivischen Kombination von Erlebniseinheiten bis in den internen Aufbau der Einzelsituation hinein besitzt. „Also jetzt systematisch" ist ein Verweis auf das Motiv der Grundsituation „Adressensuche", bleibt aber, weil das Motiv bisher mit keinem Wort erwähnt worden ist, hier noch völlig unidentifizierbar. Nun könnte man die Funktion dieses Satzes darin sehen wollen, daß er beim Leser Neugierde auszulösen habe: was will Eggers systematisch betreiben? Was hat er vor? – Diese Interpretation wäre berechtigt, wenn die Ankündigung „also jetzt systematisch" am Ende des Abschnittes stünde; dort besäße sie tatsächlich transitorische Energie, verwiese auf Kommendes und würde die Leseerwartung auf die Entfaltung eines Geschehens lenken, wie leicht durch eine Umstellung des Textes zu erweisen ist: „... mit leise sprudelnden Dächern; an manchen hingen Blechschlangen herunter, bogen mühsam den Rachen ab und erbrachen, stoßweise, unaufhörlich. Also jetzt systematisch". Diese Wirkung wird jedoch geradezu verhindert durch die Plazierung der Annonce innerhalb des Abschnittes. Eingeklammert von Situationsindikatoren des Ortes und der persönlichen Lage des Eggers mutet sie, da ohnehin in ihrem Bezug nicht identifizierbar, wie eine beiläufige Bemerkung ohne besondere Wichtigkeit an. Der Effekt ist die Betonung des situativen, stationären Charakters der Situation. Die Geschehenserwartung wird neutralisiert zugunsten der Konzentration auf die Geschehenslage. Die Anordnung der Situationsindikatoren innerhalb der Einzelsituation erweist sich somit als Funktion des situationsexternen Erzählvorgangs der musivischen Kombination von Erlebniseinheiten.

Nr. 8/S. 8:

‹*Erinnerungen einer Ladentürklinke*›. (‹Autobiography of a Pocket-Handkerchief› giebts; leider nicht gut genug.)

Zwei Strukturmerkmale lassen sich nun als typisch für das musivische Konstruktionsprinzip ausmachen: *Isolierung* aller Situationen und *Verzicht auf erzählerische Formeln des Anschlusses* von Einzelsituationen zu Einzelsituation. Dieser Verzicht führt zu dem charakteristischen Merkmal nahezu aller Einzelsituationen: dem *koupierten Einsatz*. So fixiert Nr. (8) übergangslos und unvorbereitet Eggers beim Berühren einer Ladentürklinke; ein wie vom Schnappschuß gebannter Moment, zu dem die Geste sowohl als auch die literarische Assoziation gehört.[9] Das Ergebnis ist eine isolierte statische Kleinstszene.

Nr. 9/S. 8:

Gesicht aus Kartoffelschalen: ihr grauer vielzweigiger Ast ergriff ne Büchse Milch; der Lochmund blies 4 schwarze Silbenplättchen: ' ' ' ': (also zahlen; in die zerfressene Rothaut des Ladentisches). – „Och: däi wohnt an' tummern Enn!" (Wird der Flecken also eingeteilt in das ‹Dümmere Ende› und das ‹Bessere Ende›; an und für sich interessant genug; auch die strähnige Stimme; aber so kriegt man's noch nich raus. –: Friseure? – Gastwirte?? – –)

Diesem musivischen Konstruktionsprinzip der Isolierung von Situationen dient auch der Aufbau von Nr. (9). Obwohl die Ladenszene unmittelbar an (8) anschließt, wird der Eindruck kontinuierlicher Folge durch die *Anordnung* des Erzählten bewußt verhindert. Das sei an dem stichwortartigen Aufriß des situationsinternen Erzählvorgangs verdeutlicht. Man erfährt in der Reihenfolge von:

a) einem Gesicht wie aus Kartoffelschalen
b) einem Arm, der nach einer Büchse greift
c) einem Mund, der einen Preis nennt
d) einer Schlußfolgerung: also zahlen
e) einem Ladentisch
f) einer Auskunft auf die Frage nach einer Adresse
g) einer Feststellung: so kriegt man's noch nich raus
h) einem Plan: Friseure, Gastwirte zu befragen.

Der Einstieg in die Situation mit (a) folgt der häufig mit dem Prinzip des koupierten Erzähleinsatzes gekoppelten Methode der *abrupten Kon-*

---

[9] Die Formulierung „Erinnerung einer Ladentürklinke" zitiert Coopers „Autobiography of a Pocket-Handkerchief". Vgl. dazu *Faun*, a.a.O., S. 69, Nr. 412.

trastierung. Jeder Rückbezug auf Nr. (8) wird für einen Augenblick unmöglich gemacht; der Leser verliert die Orientierung und ist gezwungen, sich auf die Identifizierung der neuen Situationslage zu konzentrieren. Die folgenden Informationen dann, endgültig jedoch erst (d) und (f) („zahlen" und „Ladentisch"), lokalisieren und definieren die Situation als Szene in einem Kaufmannsladen. Im Nachhinein ermöglichen diese Angaben nun auch die deutlichere Einordnung von Nr. (8) als Vorsituation zu Nr. (9).

Erscheint somit die relativ isolierte Einzelsituation aufgrund dieser Technik der musivischen Kombination als *Abbreviatur* einer Gesamtsituation (hier des Situationszusammenhanges „Adressensuche"), so folgt nun auch der situationsinterne Erzählvorgang dem Prinzip abbreviatorischen Erzählens, insofern, analog der Kombination von Einzelsituationen zum Situationszusammenhang, *innerhalb* der Einzelsituation partikularisierte Kleinstsituationen zusammengesetzt werden zum Komplex der Einzelsituation. Das sei verdeutlicht wiederum am Aufbau der Einzelsituation Nr. (9).

Der Zusammenhang der Szene im Kaufmannsladen ist unterteilt in drei kleinste Situationen:

1. eine Büchse Milch wird verkauft (a–e)
2. eine Auskunft wird erteilt (f)
3. die Situation wird kommentiert, und aus der Auskunft werden Folgerungen gezogen (g–h).

Wie werden nun diese drei Vorgänge erzählerisch vermittelt? Das sei der Reihenfolge nach dargestellt.

ad 1) *eine Büchse Milch wird verkauft*

Der Erzählvorgang wird reduziert auf die Reihung von Eindruckspartikeln, d. h. der Verkaufsvorgang wird nicht als Vorgang verfolgt, der aus Gründen der handlungsmäßigen Weiterbeförderung der Erzählung interessant wäre, sondern was an ihm interessiert, sind die Indikatoren einer typischen Alltagssituation, die isoliert und momentartig festgehalten werden. Also: das Gesicht einer ländlichen Kaufmannsfrau wie aus Kartoffelschalen; sodann der Arm, dessen Geste, verfremdet durch die Metapher „grauer vielzweigiger Ast", als eine isolierte von der Person abgelöste Bewegung beschrieben wird: typischer, automatisierter, von keinem Gedanken mehr begleiteter Griff nach der Ware. Ebenso isoliert der mimisch-sprachliche Gestus der Preisangabe, dessen Typik durch den Verzicht auf jede konkrete Summenangabe zugunsten der zeichenhaft markierten Rede unterstrichen wird.

ad 2) *eine Auskunft wird erteilt*

„Och: däi wohnt an' tummern Enn!" Durch den Gedankenstrich vom vorhergehenden abgesetzt, übergangslos nach dem Verfahren des koupierten Einsatzes springt die Erzählung in die zweite Kleinstsituation, den Dialog zwischen Eggers und der Kaufmannsfrau. Aus diesem löst sie nur den Antwortsatz heraus und gewinnt damit den entscheidenden Situationsindikator sowohl für diese Kleinstszene als auch für die Einzelsituation und den gesamten Situationszusammenhang: Adressensuche.

ad 3) *die Situation wird kommentiert, und aus der Auskunft werden Folgerungen gezogen*

Auch in der dritten der Kleinstsituationen werden alle redundanten Informationen gekappt zugunsten der bloßen Indikation von Zusammenhängen. So sind die Bemerkungen „an und für sich interessant genug; auch die strähnige Stimme; aber so kriegt man's noch nich raus. —: Friseure? — Gastwirte?? — —" das Stenogramm eines Gedankenganges, der, ausgeführt, etwa so zu lesen wäre: Es wäre außerordentlich interessant, sich mit dieser Kaufmannsfrau über den Ort und seine Bewohner zu unterhalten, um mehr über die Mentalität der Menschen hier zu erfahren, die ihre Wohngegenden nach „dümmeren" und „besseren" Enden unterscheiden. Auch die strähnige Stimme ist Reiz genug, sie zu weiterer Rede zu veranlassen. Der Versuch jedoch, die Adresse der Thumanns bei x-beliebigen Kaufleuten zu erfragen, führt nicht recht weiter. Wie wäre es, wenn ich die Friseure fragte? Oder die Gastwirte? Obwohl Gastwirte weniger erfolgversprechend sind als Friseure (zwei Fragezeichen hinter dem Wort „Gastwirt"). Ich weiß noch nicht; mal überlegen (zwei Gedankenstriche lassen den Entschluß in der Schwebe).

Wir fassen zusammen: Auch innerhalb der Einzelsituation prägt der Verzicht auf schlüssige, kontinuierliche Geschehensdarstellung zugunsten punktueller, interruptiver, nicht einer Entwicklung folgenden, sondern Gleichwertiges reihenden Erzählweise die Erzählstruktur. Wie berechtigt diese Interpretation ist, erhellt unmittelbar aus der zitierten Bemerkung des Eggers: „an und für sich interessant genug; auch die strähnige Stimme": diese Notiz verrät die Struktur der Eggerschen Situationserfahrung: nicht primär dynamisches Handlungsinteresse am zügigen Fortgang der Adressensuche bestimmt die Haltung gegenüber der Umwelt, sondern Beobachtung und Beschreibung des Beobachteten, Fixierung und Notierung von Denkweisen.

Ehe wir nun in der Analyse des Situationszusammenhanges fortfahren, muß der Schluß der Nr. (9) noch einmal unter dem Aspekt seiner situationsexternen Funktion betrachtet werden. Hauptindikator der Einzelsituation ist der Satz: „Och: däi wohnt an' tummern Enn!" Damit wird erstmals das Grundmotiv des Situationszusammenhanges genannt: Adressensuche (wenn vorläufig auch unklar bleibt, wem die Suche gilt). Ab jetzt lassen sich alle Einzelsituationen auf diese Grundsituation beziehen. Die Erzählung gewinnt eine begrenzte motivische Perspektive. Daß sie diese jedoch keineswegs im Sinne phasenhafter Entwicklung verfolgt, erhellt aus der Analyse des Schlusses von Nr. (9) und dessen Beziehung zu Nr. (10). Die Überlegung „aber so kriegt man's noch nich raus. –: Friseure? – Gastwirte?? – –" läßt entsprechende Unternehmungen in dieser Richtung erwarten. Die Situation, so sehr sie sich verschlossen hatte gegen Voraufgegangenes, scheint sich zu öffnen für Folgendes und übergängigen Charakter anzunehmen. Aber der Erzählvorgang folgt diesem Trend nur indirekt; er stoppt die vom Leser über (9) hinaus verlängerte Linie der Handlungserwartung abrupt mit dem Einsatz von Nr. (10):

„Halt!!: Der Laden des Eisverkäufers!"

Nr. 10/S. 8:

Halt!!: Der Laden des Eisverkäufers! (und *wie* lustig schwappte der weißblaue Zunftwimpel!). Mit dem breiten gelben Slawengesicht, dem klebrigschwarzen Schopfhalbmond drauf: Drei-Dau-Send-Mark hatte die Eismaschine gekostet! (Also anerkennend unterlippig nicken: ganz schöne Ausgabe. Und kündigen wollte ihm der Hauswirt auch noch zum Jahresende).

Nr. 11/S. 8 f.:

Unterbrechung: die dicke junge Tochter: weißer, schön gebuckelter Pullover, aus zausiger Flausch- und Streichelwolle, schamhaarig, rundherum. Schenkel doppelten Umfangs: und das mit 15!

Nr. 12/S. 9:

(Aber das Gesicht!: auch ihre Vorfahren waren allzulange mit den Skythen, Ptolemäus 6 Vers 13, geritten: in die Nasenlöcher hätte man mit IHM fahren können. Hypergesunde Zähne. –. –: Ja: geh einkaufen!)

Wird schon durch das „Halt!!" der Nr. (10) die ursprünglich linearkontinuierlich orientierte Handlungserwartung zumindest umgebogen auf einen unvermuteten Bereich, so wird sie vollends zunichte gemacht dadurch, daß ihr Stimulus, das Motiv „Adressensuche", fallengelassen wird. Die Erzählung verzichtet in den Nummern (10), (11) und (12) auf jede handlungsmäßige Weiterbeförderung dieses Vorhabens und bündelt stattdessen motivunbezogene Erlebnispartikel zu situären Kleinsteinheiten.

Nun könnte man vermuten, diese Einheiten sollten möglicherweise den Vorgang der Adressensuche retardieren, um die Erwartung des Lesers auf die Aufklärung der Unternehmung hin anzuspannen. Diese These wäre dann zu stützen mit dem Hinweis auf Nr. (13) und (14), wo in schneller Folge das Motiv „Adressensuche" detailliert wird und die „Handlung" mit der Preisgabe des Namens „Thumann" eine Art Höhepunkt erreicht. Aber solche am Begriff der handlungsmäßigen Entfaltung von Erzählvorgängen orientierten Vorstellungen gehen an der Erzählabsicht Schmidts und der Aufbaustruktur seiner Texte vorbei.

Vielmehr leisten diese handlungsunbezogenen Einheiten den motivischen Aufbau von Motivkreisen, die später, verwoben mit anderen zu einem Motivgeflecht, als Fügeelemente des Erzählens den Zusammenhang des Erzählten organisieren. So setzen hier die Einheiten (11) und (12) den schon in (4) begonnenen Aufbau des Motivkreises „Sexualität" fort. Darüber hinaus fungieren sie aber für den gegenwärtigen Augenblick als typische Indikatoren der Lageverhältnisse.

Nr. 13/S. 9:
„*Ohja: n Fremdenverkehrsverein* iss hier." (Draußen pendelte der Wind unentschlossen hin und her. Herr Himmel fauchte ruhiger. Mein erweitertes Herz tat einige Schläge. Tischdeckchen aus rotem Kunststoff, mit einem großen Spitzenstern aufgedruckt). War aber gut, das Eis!: „Geben Sie mir bitte noch ne Portion, ja?".

Nr. 14/S. 9:
„*Thumann? —:* Ja, die sind auch da-in." „Die ham vorm Monat erst ihre Flüchtlinge rausgekriegt." (Most interesting!). „Der nennt die Schimmelundbleß!" (Scheinbar Synonym für nicht ganz glückliche Ehe. Also: hin!).

Die Verlegung der Wiederaufnahme des Gesprächs Eggers/Eisverkäufer in die Lücke zwischen (12) und (13) ermöglicht den akzentuierten Erzähleinsatz mit dem Grundmotiv „Adressensuche". Um den Aufbau dieser und der folgenden Einzelsituation genauer zu erfassen, extrahieren wir zunächst nur den auf das Motiv „Adressensuche" bezogenen Dialog zwischen Eggers und dem Eisverkäufer, wobei wir die Ausgangsfrage hier rekonstruieren:

Gibt es im Ort einen Fremdenverkehrsverein?

Ohja: n Fremdenverkehrsverein iss hier.

Sind da auch Thumanns in?
Ja, die sind auch da-in.

Man sollte denken, daß diese Folge von Fragen und Antworten angesichts des Interesses, das Eggers für die Thumanns beweist, *eine* Einzelsituation bilden würde; stattdessen wird der Reaktionszusammenhang von Auskunft und Frage (Fremdenverkehrsverein ist hier. – Sind Thumanns Mitglied?) unterbrochen, und die Erzählung versammelt zunächst eine Reihe von Eindrücken zu einer eigenen um die Auskunft des Eisverkäufers gruppierten Einheit, ehe sie die Verfolgung des Dialogs und damit des Vorgangs der Adressensuche wieder aufnimmt. Diese Unterbrechung zugunsten der situativen Beschreibung in Nr (13) läßt sich wie folgt begründen: Eggers hofft ja, im Hause der Frieda Thumann, einer geborenen Jansen, einzelne Bände der von ihrem Großvater verfaßten Hannoverschen Staatshandbücher auffinden zu können; wären Thumanns nun Mitglied des Fremdenverkehrsvereins, so ergäbe sich für ihn die zwanglose und völlig unkomplizierte Gelegenheit, sich als Mieter in dem Haus einzulogieren und damit seinem Ziel, den Staatshandbüchern, näherzukommen. Diese – mit der Auskunft des Eisverkäufers – in greifbare Nähe gerückte Aussicht läßt sein erweitertes Herz einige Schläge tun, Zeichen der engagiertesten Reaktion. So bilden die Antwort des Eisverkäufers und Eggers' Reaktion eine autonome, situationswürdige Erlebniseinheit.

Wozu nun aber die Angaben: Wind pendelt hin und her; der Himmel faucht; Tischdecken aus rotem Kunststoff mit Spitzenstern; noch ein Eis? – Auch hier gilt: die beschreibende und zusammensetzende Fixierung kleinster typischer situativer Erlebnispartikel zu einer Einzelsituation rangiert vor der schlüssigen, kontinuierlichen und handlungsmäßigen Verfolgung des Motivs von der Adressensuche. Der Satz des Eisverkäufers, Eggers' Reaktion und die momenthafte Registrierung des Milieus sind die situationsbestimmenden Indikatoren dieser Einheit; sie bilden einen Komplex, dem folglich ein gesonderter Abschnitt einzuräumen ist.

Nr. (14): Eggers hatte den Eisladen betreten, um die Adresse der Thumanns zu erfragen; die Gesamtsituation „Eisverkäuferladen" endet daher mit der Beantwortung dieser Frage. Das Erzählen wird nun reduziert auf die Notierung dreier ausgewählter Informationen, aus denen Eggers den Entschluß ableiten kann: also hin! Die Bemerkung: „Scheinbar Synonym für nicht ganz glückliche Ehe" verweist auf das später wirksam werdende Motiv der Ehekrise und des Partnerwechsels.

Nr. 15/S. 9:

Schon das erste Bißchen Sonne wieder: und immer durch die Zahnreihe der Giebelschatten durch. Drüben kulißten die Mauern in wäßrigem Hellgelb, aufgerauhtem.

Wir lassen diese Einzelsituation unmittelbar auf Nr. (14) folgen und begründen das wie folgt: Eggers war bei strömendem Regen in den Laden des Eisverkäufers gekommen und hatte sich dort so lange aufgehalten, wie man benötigt, um zwei Portionen Eis zu essen. Jetzt, beim Verlassen des Geschäftes, ist sein intensivster Eindruck der, daß schon „das erste Bißchen Sonne wieder" zu sehen ist. Diese eher spontan als systematisch bemerkte Veränderung des Wetters wird als selbständige, abgeschlossene momenthafte Empfindung registriert.

An dieser Einzelsituation sei wieder die hier besonders klar ausgeprägte abbreviatorische situationsinterne Erzählstruktur nachgewiesen. Drei optische Eindrücke bestimmen die Situation:

1. schon wieder Sonne
2. und immer durch die Zahnreihe der Giebelschatten durch
3. Mauern in wäßrigem Hellgelb.

Es ist nun entscheidend zu bemerken, daß sich Nr. 2 nicht auf die *Sonne* beziehen kann, die durch die Zahnreihe der schattigen Giebel hindurchscheint. Sollte nämlich solch Eindruck entstehen, müßte sich der Beobachter Eggers in höherer als normaler Ganggeschwindigkeit an der Häuserzeile entlang bewegen, um durch zügige lineare Standortveränderung den Effekt der hinter Giebeln entlanghuschenden Sonne zu erleben. Vielmehr stellt dieser Satz in äußerster Verkürzung den Gang des Eggers auf der Schattenseite der Straße durch die zahnähnlich auf dem Pflaster sich abbildenden Giebelschatten dar. – Von diesem Standort aus gesehen wirken die sonnenbeschienenen Häuser der anderen Straßenseite auf Eggers wie Kulissen in „wäßrigem Hellblau" des Himmels.

Das eigentliche Geschehen in dieser Einzelsituation, der für die Adressensuche nicht unwichtige Gang zum Fremdenverkehrsverein, wird also nur *indirekt* vermittelt und erscheint kaum wahrnehmbar hinter der für wesentlicher gehaltenen zuständlichen Beschreibung von Eindrücken.

Nr. 16/S. 9:

Würste: müßte man mit rechteckigem Querschnitt herstellen (dreieckigem?): dies Kaldaunenrunde erinnert vielzusehr ans Organische, so Darm & Arm & Ringelkörper. : „Könn' Sie mir bitte sagen, wo hier in der Nähe ein ‹Chauffeur Thumann› wohnt?" (Also nicht in der Nähe!).

Zwischen (15) und (16) liegt nach unserer Interpretation die Situation beim Fremdenverkehrsverein. Dort erfährt Eggers die Adresse der Thumanns und fragt in (16) lediglich noch einmal nach der Lage des Thumannschen Hauses. Auch der Aufbau dieser Einzelsituation folgt dem immer wieder beobachteten Prinzip des interruptiven Erzählens. So erfüllt der koupierte Einsatz mit dem unvermuteten Wort „Würste" vor allem die Aufgabe, die durch das „also hin" in Nr. (14) ausgelöste Handlungserwartung des Lesers in Richtung auf eine Szene beim Fremdenverkehrsverein abrupt abzublocken. Dieser Anfang und die folgenden Reflexionen zur Querschnittsform von Würsten zwingen den Leser zu neuer Situationsbestimmung und lassen ihn darüber für einen Augenblick den Faden der „Adressensuche" verlieren, ehe er ihn bei der Frage nach den Thumanns wieder aufnehmen kann.

Der letzte Satz dieser Situation begründet Aufbau und Zusammenhang der folgenden drei Einzelsituationen, die Stationen auf dem sich verkürzenden Weg Eggers' zum Hause der Thumanns darstellen.

Nr. 17/S. 9 f.:
Mit Schaufeln: spritzten sie sich Sand um die leer lachenden Köpfe: grätschelnde Kleinkinder: mit Würstchengliedern. Dahinter, auf ihren Lattenrosten, wohlbeschützte Gärtnerinnen: man sah mir fest und unverlegen nach.

Nr. 18/S. 10:
„*Das?!*": war das Feuerwehrhaus. „— un unn' isser Laichnwaagn in!" (Ein Triangelwieslein unten drum; der Turm hatte drei Stockwerke. Rechts die Vorgärten mit 12, 13, wie meine Schuhe dran vorbeigingen, 17, 18 Ringelblumen; ein Busch bewegte sehr schön die Blätter).

Nr. 19/S. 10:
(*Verstohlener Blick* auf den Katasterplan 1 zu 5000: — ah: hier bin ich: die ‹Schloßapotheke›, Steinbau verputzt: „Ä-könn' Sie mir vielleicht sagen ...?" :„, , ;.—:!—:!!"—:„Ah: Danke schön ...").

Die drei Einzelsituationen sind die Topographie des Weges zu Thumann. Nr. (17) beschreibt präzis den Gang eine Straße hinunter, indem Eindrücke aneinandergereiht werden, aus deren Anordnung sich indirekt die Bewegung des Gehens ergibt. Eggers sieht *vor* sich „grätschelnde Kleinkinder" und „*dahinter*" die „wohlbeschürzte(n) Gärtnerinnen"; erst als er an ihnen *vorbei* ist, kann es sinnvoll heißen: „man sah mir fest und unverlegen nach". Die zeitliche Spanne des Vorbeigehens wird nicht erzählt, sondern lediglich durch den Doppelpunkt zwischen „Gärtnerinnen" und „man" markiert.

Nr. (18) fixiert: Stehenbleiben vor dem Feuerwehrhaus, Gespräch und Weitergehen (an den Ringelblumen und einem Busch vorbei). Nr. (19): neuer Standort vor der Schloßapotheke, Frage und Auskunft, bis schließlich mit der ersten Einzelsituation des neuen Situationszusammenhanges (Vor Thumanns Haus) der Weg zu den Thumanns zu Ende gegangen und damit die Adressensuche abgeschlossen ist.

Auch in diesen Einzelsituationen wieder, wie an Nr. (17) aufgezeigt, die Technik des abbreviatorischen Erzählens, die in Nr. (19) geradezu zu einem witzigen Spiel mit der Minimuminformation von Satzzeichen wird: „Ä-könn' Sie mir vielleicht sagen ...?" : „,;. – :! – : !!" – : „Ah: Danke schön ..." Was immer da im einzelnen geantwortet sein mag, es wird das übliche Muster solcher Auskünfte gewesen sein: „Da gehen Sie links, dann rechts; und dann die Straße immer geradeaus bis zur Kreuzung. Die überqueren: aber geradeaus nach Norden! dann das letzte Haus links ist es: aber immer nach Norden gehen!!"

Damit schließen wir die Detailanalyse des Situationszusammenhanges „Adressensuche" ab.

Zusammenfassung:

Ziel der Untersuchung war, Konstruktionsfaktoren des musivischen Konstruktionsprinzips anhand der Analyse eines Textausschnittes aus dem Roman DAS STEINERNE HERZ auszumachen und begrifflich zu bestimmen. Wir halten folgende Ergebnisse fest:

1.)
Das entscheidende strukturbestimmende Prinzip musivischen Erzählens ist die Aufsplitterung des Erzählvorgangs in kleine und kleinste Abschnitte. Jeder dieser Abschnitte stellt eine momenthaft fixierte Einzelsituation innerhalb des Tagesablaufes des Ich-Erzählers dar.

2.)
Jeweils eine bestimmte Anzahl von Einzelsituationen wird durch eine begrenzte, inhaltlich konstante Grundsituation locker gebunden und bildet einen Situationszusammenhang. Die Grundsituation muß nicht in jeder Einzelsituation zum Ausdruck kommen; dann ergibt sich die Zugehörigkeit der Einzelsituation zum Situationszusammenhang aus dem Kontext.

3.)
Wir unterscheiden situationsinterne und situationsexterne Aufbaustrukturen des Erzählvorgangs. Die ersten betreffen Aufbauformen der Einzel-

situation, die letzten das Konstruktionsprinzip der Kombination von Einzelsituationen. Beide sind Komponenten des Gesamterzählvorganges.

4.)

Die situationsinterne Erzählstruktur wird bestimmt durch die stenogrammartige Notierung von Geschehnis-, Eindrucks- und Gedankenpartikeln des Ich-Erzählers. Diese situationsbestimmenden Informationspartikel nennen wir Situationsindikatoren. Der Verzicht auf alle redundanten Informationen zur Situationsdarstellung zugunsten bloßer Indizierung von Lageverhältnissen führt zu einer punktuellen, interruptiven, jede einlässige, kontinuierlich-schlüssige Erzählweise verhindernden Struktur des Erzählvorgangs. Da solchermaßen die Situationsindikatoren kein panoramisches, gesättigtes Bild von der Einzelsituation vermitteln, sondern lediglich Situationsaspekte markieren, bleibt auch die dargestellte Einzelsituation Fragment oder Abbreviatur. Wir nennen deshalb auch die situationsinterne Erzählstruktur abbreviatorisch.

Innerhalb einer Einzelsituation können sich Situationsindikatoren zu Subsituationen gruppieren; die Integration solcher Kleinstsituationen in den Zusammenhang der Einzelsituation geschieht nach dem Muster der situationsexternen Kombination von Einzelsituationen.

5.)

Der interne Aufbau der Einzelsituation wird entscheidend mitbestimmt von dem situationsexternen Prinzip der musivischen Kombination. Einzelsituationen sind relativ selbständige und gegenüber voraufgegangenen und nachfolgenden Situationen deutlich abgegrenzte Augenblicke. Die Isolierung der Einzelsituation wird vor allem durch drei Faktoren bewirkt:

(1) durch den Verzicht auf situationsverbindende Formeln des Erzählens;

(2) durch koupierten Einsatz;

(3) durch abrupte Kontrastierung.

Diese Faktoren machen die phasenartige Entfaltung von Geschehniszusammenhängen unmöglich. Vielmehr läßt sich die situationsexterne Erzählstruktur auch hier als abbreviatorisch beschreiben, insofern die Einzelsituation nicht nur in Bezug auf sich selbst Abbreviatur ist, sondern auch im Hinblick auf den Situationszusammenhang, in den sie als einer seiner fragmenthaften Aspekte integriert ist.

Die Funktion aller Faktoren ist die Fokussierung der dargestellten Tagesbegebenheiten zu kleinsten zuständlichen Momenten, die in ihrer Gesamtheit das beschädigte Tagesmosaik[10] des Ich-Erzählers bilden.

[10] Vgl. Schmidt, Berechnungen I, a.a.O., S. 290.

D) DIE FUNKTION DER SITUATIONSZUSAMMENHÄNGE: DAS ABBREVIATORISCHE TYPOGRAMM

I. *Aufriß der Situationszusammenhänge im Teil I des Romans*

DAS STEINERNE HERZ

Unsere Untersuchung hat sich bisher auf die Analyse des situations-internen und -externen Erzählvorgangs *innerhalb eines* Situationszusam-menhanges konzentriert. Dabei standen Aufbau, Kombination und Funk-tion der Einzelsituation im Mittelpunkt der Betrachtung. Im folgenden wird die Funktion der *Situationszusammenhänge* für den Aufbau der Er-zählung untersucht. Dazu analysieren wir eine Folge von Situationszusam-menhängen aus dem ersten Teil des Romans DAS STEINERNE HERZ.

Wir verstehen, wie gesagt, unter einem Situationszusammenhang eine locker gruppierte Anzahl von Einzelsituationen, die sich auf eine bestimmte Grundsituation bezieht. Das Kriterium solcher Grundsituationen ist die Konstanz begrenzter Geschehenszüge (Adressensuche; Kontaktaufnahme) oder begrenzter Lagen (Vor dem Haus; Vor dem Schlafengehen). Der Übergang zu anderen Geschehenszügen bzw. Lagen bedeutet die Schaffung einer neuen Grundsituation.

Die 371 Einzelsituationen des ersten Teiles werden zu 35 Situations-zusammenhängen gruppiert, die sich wie folgt über die vier erzählten Tage verteilen:

1. Tag: Mittwoch	*Nr.*
1. Chaussee nach Ahlden	1– 6
2. Adressensuche	7– 19
3. Vor dem Haus	20– 23
4. Mietantrag	24– 30
5. Spaziergang	31– 34
6. Einzug	35– 38
7. Kontaktaufnahme	39– 44
8. Allein vor dem Schlafengehen/im Zimmer	45– 56

Aus dieser Übersicht läßt sich zweierlei ablesen:

a) Die Verteilung der Situationszusammenhänge über die vier erzählten Tage ist ausbalanciert:

1. Tag: acht Situationszusammenhänge
2. Tag: zehn Situationszusammenhänge
3. Tag: neun Situationszusammenhänge
4. Tag: acht Situationszusammenhänge.

Diese ausgewogene Verteilung spricht für unsere Annahme, daß der Erzählvorgang mit Hilfe der Bündelung von Einzelsituationen zu Situationszusammenhängen bewußt organisiert wird. Da ausnahmslos alle Einzelsituationen einem Situationszusammenhang zuordbar sind, erweist sich der Situationszusammenhang als ein wesentlicher Konstruktionsfaktor für den Aufbau des Erzählvorgangs. Eine seiner Funktionen erhellt sowohl aus dieser Übersicht wie aus der Analyse des Situationszusammenhanges „Adressensuche": die Bündelung von Einzelsituationen zu Situationszusammenhängen wirkt dem möglichen Zerfall des Erzählens in pointillistisch Vereinzeltes entgegen, indem sie die Erzählung nach Zusammenhangsbereichen strukturiert.

b) Die 35 Situationszusammenhänge dieses ersten Teiles lassen sich, da einige von ihnen mehrmals erscheinen, auf 9 Situationszusammenhänge jeweils gleicher Grundsituation reduzieren:

1. Kontaktaufnahme	13
2. Eggers allein im Zimmer	10
3. Spaziergang	6
4. Adressensuche	1
5. Vor dem Haus	1
6. Mietantrag	1
7. Einzug	1
8. Baden	1
9. Bücherkiste	1
	35

29 der 35 Situationszusammenhänge wiederholen demnach die gleiche Grundsituation.

Wir erinnern uns noch einmal des oben analysierten Situationszusammenhanges „Adressensuche". Wie die Untersuchung gezeigt hat, bildete zwar die Suche des Eggers nach der Adresse der Thumanns die Grundsituation des Situationszusammenhanges, daß sie aber auch sein Thema sei, ließ die Analyse sehr bald als zweifelhaft erscheinen, weil ja gerade der Vorgang der Suche zugunsten der Fokussierung des Erzählten zu kleinsten Eindrucks-, Erlebnis- und Gedankenpartikeln in den Hintergrund gedrängt wurde. Vielmehr wird der über die Grundsituation hinausgehende Zusammenhalt aller Partikel durch die *thematische* Erzählabsicht begründet, erstmals einen der beiden Schauplätze des Romans (Ahlden und Berlin) darzustellen. Eine *Strukturskizze* des *Situationsraumes* Ahlden anzulegen ist

Absicht und Thema dieses Situationszusammenhanges. Das sei verdeutlicht, indem wir kurz rekapitulieren, was wir über Ahlden erfahren.

Nr.:

(7): Fachwerkhäuser; Blechschlangen; Regen

(9): Laden; zerfressene Rothaut des alten Ladentisches; das grob-ländliche Gesicht der Kaufmannsfrau: wie aus Kartoffelschalen; niederdeutsche Mundart; die ortsübliche soziologische Einteilung des Fleckens in ein „dümmeres" und ein „besseres" Ende

(10): der Laden eines Eisverkäufers; der lustig schwappende Wimpel der Zunft: Signal solcher Läden; das Slawengesicht mit dem klebrigschwarzen Schopfhalbmond: die Werbemarke; Investitutionen des Eisverkäufers; Sorgen mit dem Hauswirt

(11): die dicke, junge, übermäßig akzelerierte Tochter

(12): des Eisverkäufers

(13): das Standardmobiliar solcher Eisdielen: Kunststofftischdecken mit Spitzenstern; im Ort ein Fremdenverkehrsverein

(14): Flüchtlinge im Ort; man ist froh, sie „rauszukriegen", um wieder Platz für sich selbst zu haben; dazu tritt man in den Fremdenverkehrsverein ein und gibt vor, vermieten zu wollen

(15): eine Straße

(16): Schlachterladen

(17): Kleinkinder spielen auf der Straße; Hausfrauen arbeiten im Garten

(18): das Feuerwehrhaus, unten die Garage mit dem Leichenwagen; der Turm zum Trocknen der Schläuche, eines der markantesten Gebäude in kleinen Ortschaften; das schrebergartenhafte Gemüt der Feuerwehr: ein Triangelwieslein um den Turm; Vorgärten mit Ringelblumen

(19): die Schloßapotheke, ein verputzter Steinbau, also kein Fachwerkhaus wie die anderen Gebäude – und so wahrscheinlich patrizierhaft wirkend in seiner bescheideneren Umgebung.

Es erweist sich, daß der Zusammenhang der Einzelsituationen von Nr. (7) bis Nr. (19) nicht allein durch die Grundsituation der „Adressensuche" gewährleistet wird, sondern daß sich der Situationszusammenhang zugleich als ein *thematischer Bereich* darstellt, dessen Thema die Grundsituation nicht zu erkennen zu geben braucht.

Im vorliegenden Falle indizieren die Einzelsituationen wenige typische Charakteristika eines bestimmten provinziellen Lebensraumes. Das Ergebnis ist das abbreviatorische *Typogramm* eines Ortes, wobei der Begriff

Typogramm besagen soll, daß die Erzählgegenstände auf ihre typizitären Eigentümlichkeiten reduziert erscheinen und dadurch modellhaften Charakter gewinnen. Dem entspricht das Erzählverfahren der abbreviatorischen Konzentration qua Situationsindikatoren, wobei sich diese als typizitäre Aspektpartikeln der dargestellten Wirklichkeit erweisen. Das wird im folgenden noch gründlich zu erläutern sein.

Die hier sichtbar werdende Korrespondenz von Situationszusammenhang und Themabereich läßt sich für alle Situationszusammenhänge nachweisen, wie zu zeigen sein wird, so daß sich der Aufbau des Erzählvorgangs als Ausbreitung von thematisch fixierten Situationszusammenhängen beschreiben läßt. Dabei fungiert die Wiederholung von Situationszusammenhängen gleicher Grundsituation als Differenzierung und Variation des Themabereiches.

Das soll jetzt für die 13 Situationszusammenhänge der Grundsituation „Kontaktaufnahme" verdeutlicht werden.

II. *Thematische Variation typizitärer Aspekte: Analyse der 13 Situationszusammenhänge „Kontaktaufnahme"*

Wir nennen die Grundsituation der 13 Situationszusammenhänge „Kontaktaufnahme". Das sei begründet.

Eggers kommt nach Ahlden, um über Jansens Enkelin, Frieda Thumann, in den Besitz einiger ihm fehlender Exemplare der von Jansen verfaßten Hannoverschen Staatshandbücher zu gelangen. Da er diese Bände unter dem Nachlaß des Großvaters im Hause der Thumanns vermutet, muß sein taktisches Ziel die Herstellung eines engen, vertrauensvollen Kontaktes zum Ehepaar Thumann sein. Folglich stehen alle Szenen, in denen Eggers mit den Thumanns oder einem von ihnen auftritt, unter dem Aspekt dieser Grundsituation der Kontaktaufnahme. Eggers hat sein Ziel erreicht, als es ihm gelingt, Frieda Thumann für sich einzunehmen und beide ein Verhältnis miteinander eingehen. Damit endet der erste Teil des Romans.

Wir werden nun sehen, daß auch in diesem Falle die Grundsituation „Kontaktaufnahme" zwar das zusammenhangstiftende Grundmotiv der einzelnen Situationszusammenhänge darstellt, nicht aber ihr Thema.

Das Thema ist vielmehr das Typogramm der kleinbürgerlichen Figuren Karl und Frieda Thumann, das Typogramm ihrer Ehe, ihrer Beziehungen zu Eggers, ihres unmittelbaren Lebensraumes des Einfamilienhauses in

Ahlden, der als eine Komponente westdeutscher Wirklichkeit des Jahres 1954 fungiert, denn die Typogramme dieses Romans, den Schmidt im Untertitel einen „historischen Roman aus dem Jahre 1954" nennt, beanspruchen, typizitäre Aspekte der historischen Situation zu rezipieren.

Wie wird dies Thema nun verwirklicht? Bei Übereinsicht der 13 Situationszusammenhänge zeigt sich, daß diese deutlich erkennbar vier Blöcke bilden, die jeweils einen der Thumanns oder eine Figurenkombination der beteiligten Personen zum Mittelpunkt haben.

(1)	Karl Thumann	Nr. 39– 44,	S. 14–15
(2)	Karl Thumann	Nr. 68– 81,	S. 20–22
(3)	Karl Thumann	Nr. 108–118,	S. 28–31
(4)	Frieda Thumann	Nr. 123–143,	S. 33–39
(5)	Frieda Thumann	Nr. 156–158,	S. 41–42
(6)	Frieda Thumann	Nr. 180–186,	S. 46–47
(7)	Thumanns und Eggers	Nr. 218–223,	S. 55
(8)	Thumanns und Eggers	Nr. 226–239,	S. 56–59
(9)	Thumanns und Eggers	Nr. 240–267,	S. 60–66
(10)	Thumanns und Eggers	Nr. 306–312,	S. 75–76
(11)	Frieda und Eggers	Nr. 326–336,	S. 80–82
(12)	Frieda und Eggers	Nr. 337–349,	S. 82–84
(13)	Frieda und Eggers	Nr. 358–371,	S. 86–89

Wir wenden uns dem Block der drei ersten Situationszusammenhänge zu und notieren stichwortartig deren Hauptsituationsindikatoren.

ad (1):

Karl Thumann: Fernfahrer; Besitzer eines Einfamilienhauses; stolz auf sein kleinbürgerliches Gartenmodell: 2000 qm zur Selbstversorgung, Beete, Obsthain und Wäscheplan; Mitglied oder Sympathisant der SPD.

Friedländers Europa-Kommentar, seinerzeit jeden Mittwochabend von 18.55 Uhr bis 19.00 Uhr im NWDR gesprochen, indiziert die politische Landschaft des Jahres 1954, die Europapolitik der damaligen Bundesregierung: Pariser Verträge; Truppenvertrag zur gemeinsamen Verteidigung; Scheitern der EVG; Beitritt der Bundesrepublik zur WEU und NATO. – Der Satz: „Er kicherte vor SPD am ganzen Leibe (...)"[1] ver-

---

[1] Schmidt, Herz, a.a.O., S. 15, Nr. 43.

weist auf die innenpolitischen Kämpfe um den deutschen Wehrbeitrag, gegen den sich die SPD damals energisch wehrte. – Die beiläufige Frage und Bemerkung des Eggers: „„*Rauchen Sie* ne Africaine mit?': er kannte die Saarsorte noch nicht (...)"[2] registriert nicht nur einen typischen Verhaltensgestus unter Männern in Situationen der Kontaktaufnahme, sondern ist zugleich politischer Situationsindikator für das 1954 abgeschlossene deutsch-französische Saarabkommen, nach dem das Saarland autonomes Gebiet unter der Kontrolle der WEU werden sollte.

Kontrastiert wird dies in die Wohnküche der Thumanns eingeholte Bild deutscher Wirklichkeit des Jahres 1954 durch den innerhalb dieses Situationszusammenhanges verhältnismäßig ausführlichen Verweis auf die „intelligentesten Jahre; die freiesten Jahre; die glaubens- und uniformlosesten Jahre"[3] der Weimarer Zeit, so daß sich vor dem Hintergrund dieses Verweises der Habitus des kleinbürgerlichen Karl Thumann und die „restaurativen"[4] Tendenzen deutscher Politik des Jahres 1954 zu decken beginnen.

ad (2):

Thematischer Akzent des zweiten Situationszusammenhanges ist die differenzierende Ergänzung des Typogramms der Figur des Karl Thumann. Thumann: seit 15 Jahren verheiratet; Ehe gescheitert; schweißfüßig; Schnapstrinker; Blumist: Weißmantelsches Nelkensystem; Kriegsgefangener in Irland; Freund von Männerwitzen; säuisch aber witzig: ein Protz der Fäkalsphäre; Anhänger der Elektrorasur.

ad (3):

Situation Mittagessen: typizitäre Situationselemente sind: der früher nicht übliche Büchsenbraten; der berufersetzende Kochehrgeiz der Nur-Hausfrau: „Dazu herrlicher Blumenkohl mit kunstvoll eingesetzten braunen Fleischkügelchen aus Gewiegtem: ‚Daß' ja fantastisch, Frau Thumann!'"[5]; Musik zu Tisch aus dem Radio: das Wunschkonzert mit Glückwünschen von Haus zu Haus; dann die Glocken der St. Matthäuskirche läuten den Sonntag ein; Tischgespräche: über das Humane des Atheismus, ein Exkurs Eggers', auf den der wohl eher affektiv bestimmte Antiklerikalismus Karl Thumanns sofort reagiert; Lügendetektor bei Wahlrednern (indiziert die

---

[2] Schmidt, Herz, a.a.O., S. 15, Nr. 44.
[3] Schmidt, Herz, a.a.O., S. 15, Nr. 43.
[4] Ebenda.
[5] Schmidt, Herz, a.a.O., S. 28, Nr. 108.

gängige Ansicht: die da oben machen ja doch, was sie wollen.); eine Präsidentin für die USA; Thumanns Berlinroute; Kriegsopfer als Hausierer.

Wir fassen zusammen: und finden die schon früher nachgewiesene Erzähltechnik der abbreviatorischen Verkürzung qua Situationsindikatoren bestätigt. Mit Hilfe dieses Erzählverfahrens der indizierenden Verkürzung werden Wirklichkeitsbereiche typogrammatisch registriert, d. h. es werden nur solche Indikatoren erfaßt, die die typizitäre Struktur eines bestimmten Wirklichkeitsbereiches erhellen. So wird in den drei vorliegenden Situationszusammenhängen nicht das Psychogramm der einmaligen Person Karl Thumann entwickelt, wird nicht sein Lebensraum als Widerspiegelung eines individuellen Bewußtseins dargestellt, vielmehr fungieren die Situationsindikatoren als soziologische Kennmarken eines bestimmten Typs und seines sozialen Umfeldes: des kleinbürgerlichen Arbeiters mit Eigenheim, für den Karl Thumann nur ein Beispiel ist.

In dies Typogramm ist das der politischen Wirklichkeit des Jahres 1954 integriert. Die erzählerische Kombination beider Typogramme ergibt sich zwanglos aus dem Modell, das dem Erzählvorgang zugrundeliegt: dem beiläufigen Männergeschwätz über Haus, Garten, Familie, Frauen, Politik und Philosophie. Damit ist zugleich die Funktion der Mittelpunktsrolle Karl Thumanns erklärt.

Die Unterhaltungen zwischen Eggers und Thumann lassen nun deutlich drei thematische Akzente erkennen, die sich jeweils auf einen der drei Situationszusammenhänge beziehen:

1.) Karl Thumann und Politik
2.) Karl Thumann und dessen häusliche Probleme
3.) Karl Thumann / Lebensphilosophie.

So erweist sich das Kompositionsprinzip, dem der thematische Aufbau dieser drei Situationszusammenhänge folgt, als das der thematischen Variation typizitärer Aspekte eines Wirklichkeitsbereiches.

Dies Aufbauprinzip der Ausbreitung typogrammatisch und thematisch fixierter Situationszusammenhänge sowie das Prinzip der thematischen Variation typizitärer Aspekte innerhalb einer Serie von Situationszusammenhängen gleicher Grundsituation läßt sich nun auch für die Komplexe „Frieda Thumann" „Eggers und die Thumanns", „Frieda und Eggers" nachweisen. Das geschehe im folgenden, da das Prinzip einmal verdeutlicht worden ist, stichwortartig.

ad (4), (5), (6):

Die Akzente, die diese Situationszusammenhänge im Hinblick auf die Figur der Frieda Thumann setzen, zielen auch hier nicht auf das Psychogramm ihrer subjektiven Innerlichkeit, sondern auf die äußerlich erfaßbare soziale Rolle dieses Typs von Frau, der als nicht berufstätige Nur-Hausfrau in seinen typischen Verhaltensweisen vorgeführt wird:

„(...); dann erst noch im Elektroherd nach der Quarktorte sehen: oben 1, unten 3 – (...)"[6];

„*Oben* war die Kayser-Schwingschiff aufgebaut, mit modernem gradlinigem Kopf. (...) (Sie zog ein Stück nach dem andern aus dem Wäscheberg links; (...); ihre Schere zwitscherte angeregt)"[7];

„(...) sagte sie gleichmütig durch ein Stück Oberhemd; erhob sich auch, um murmelnd einen Fleck zu entfernen: diese große Leidenschaft der Frauen war auch die ihre (...)"[8];

„Und hatte mit Jacutin geräuchert"[9];

„*Aber hausmacherner Schinken!:* ein Telegrafenmast hätte sich nach ihm hingebogen. Und Ölsardinen, die man ohne Bedenken einer Undine vorsetzen könnte"[10];

Wäscheaufhängen[11];

„*Rotkohl schneiden:* (...). (Und er muß 1–1 1/2 Stunden dünsten. Im ‹Backofix›"[12].

Aber nicht allein die bekannten Verhaltensmuster der Hausfrau werden indiziert, zugleich verweisen solche ausdrücklichen Feststellungen wie *Elektroherd, Backofix zum Dünsten, Kayser-Schwingschiff*-Nähmaschine mit *modernem, gradlinigem* Kopf auf ein für die Mitte der fünfziger Jahre symptomatisches Konsuminteresse in der Bundesrepublik: die Neuausstattung der Kriegs- und Nachkriegshaushalte mit modernem, meist elektrischem Gerät. Diese zu Beginn der fünfziger Jahre einsetzende Konsumwelle erreichte sehr bald mit Hilfe des Ratensystems auch die einkommensschwachen Bevölkerungsschichten, zu denen Familien wie die der Thumanns zu rechnen sind.

---

[6] Schmidt, Herz, a.a.O., S. 33, Nr. 125.
[7] Schmidt, Herz, a.a.O., S. 33, Nr. 126.
[8] Schmidt, Herz, a.a.O., S. 37, Nr. 138.
[9] Schmidt, Herz, a.a.O., S. 42, Nr. 156.
[10] Schmidt, Herz, a.a.O., S. 42, Nr. 157.
[11] Schmidt, Herz, a.a.O., S. 46, Nr. 180.
[12] Schmidt, Herz, a.a.O., S. 47, Nr. 185.

In diesen Zusammenhang der typizitären historischen Bestandsaufahme gehören auch jene Angaben, die Eggers als vorgeblicher Grundstückseinkäufer gegenüber Frieda Thumann macht. Daß diese nicht etwa der Charakterisierung seiner Berufsinteressen gelten, erhellt schon aus dem Umstand, daß sie unwahr sind. Seine Bemerkungen indizieren vielmehr eine historische Situation: den Beginn jener noch heute andauernden Entwicklung der Erschließung ländlicher Gebiete als Baugelände „(...) für reiche Leute: Fabrikanten, Schriftsteller, Politiker; Schauspieler auch: (...) um einem Großstädter ländliche Stille zu garantieren (...)"[13].

Eingelassen in dies Typogramm sind der Jansen-Komplex[14], der auf das atavistische Geschehensgerüst des Romans, die Suche nach den Staatshandbüchern, verweist und die in allen Situationszusammenhängen erscheinenden Indikatoren sexueller Vorstellungen und Handlungen, die hier in erster Linie als Motiv der intensivierten Kontaktaufnahme fungieren und sich erst in den drei letzten Situationszusammenhängen zu einem eigenen Typogramm verdichten werden.

Insgesamt erscheinen die typogrammatischen Fixierungen dieser drei Situationszusammenhänge als Differenzierung und Erweiterung des schon in den ersten Situationszusammenhängen entworfenen Wirklichkeitsbereichen, den wir nennen können: Die Thumanns und ihr Lebensraum Ahlden; wobei die Strukturen dieses Lebensraumes, wie wir sahen, allgemeine, über Ahlden hinaus verbindliche Komponenten der westdeutschen Wirklichkeit des Jahres 1954 implizieren.

ad (7), (8), (9), (10):
Dieser Bereich der dargestellten Wirklichkeit wird nun in den vier folgenden Situationszusammenhängen weiter detailliert. Es sei erlaubt, lediglich die Nummern der Einzelsituationen zu nennen, die den thematischen Akzent der Situationszusammenhänge besonders klar erkennen lassen:

(7): thematischer Akzent: Ehekrise der Thumanns; (Nr. 218–223, besonders 219, 220);

(8): thematischer Akzent: Spezialia der ländlichen Region Ahlden; (Nr. 226–239);

(9): thematischer Akzent: Tales of my landlord; Politica; Einverständnis zwischen Frieda und Eggers; Brüderschaft mit Karl Thumann; (Nr. 240–267, besonders Nr. 243, 245, 250–252, 259–261);

---

[13] Schmidt, Herz, a.a.O., S. 34, Nr. 127, 128.
[14] Schmidt, Herz, a.a.O., S. 35–37, Nr. 132–138.

(10): thematischer Akzent: Ehekrise der Thumanns (Nr. 306–312).

ad (11), (12), (13):

Noch einmal wird der Aspekt, unter dem der Wirklichkeitsbereich des Gesamtkomplexes der 13 Situationszusammenhänge dargestellt wird, variiert und die erotische Beziehung zwischen Eggers und Frieda Thumann in den Mittelpunkt der letzten drei Situationszusammenhänge gerückt. Dabei geht es der Erzählung nicht um Schilderung subjektiver Gefühle, sondern um die typogrammatische Fixierung einer Realitätsdimension, die, wie es in KOSMAS heißt, neben den Dimensionen *Landschaft* und *Intellekt* das Fundament des menschlichen Lebens ausmacht: Sexualität, oder, wie Schmidt sagt: *Eros*[15].

Sexualität als Determinante menschlichen Verhaltens ist das Thema vor allem des 11. Situationszusammenhanges, während (12) und (13) gesellschaftliche Komponenten ins Spiel bringen, indem sie das Thema unter dem Gesichtspunkt Sexualität und Ehe differenzieren. Frieda Thumann repräsentiert ein Verhaltensschema, das von der Gesellschaft zwar nicht öffentlich gebilligt – aber geduldet und praktiziert wird. Sie rechtfertigt ihren eigenen Ehebruch mit dem ihres Mannes und tut zugleich alles, den gemeinsamen Haushalt funktionsfähig zu erhalten, um so und durch ihr Schweigen ihre materielle und gesellschaftliche Existenz zu sichern.

Mit diesen Situationszusammenhängen ist das Motiv der Kontaktaufnahme erschöpft. Eggers hat sein taktisches Ziel erreicht: Frieda Thumann wird ihm die Staatshandbücher überlassen: „‚Jeden Sonnabend krixu eins davon‘ entschied sie"[16]. Wie wenig dies Ziel aber das Thema der 13 Situationszusammenhänge war, mag die Analyse erhellt haben.

---

[15] Vgl. Schmidt, Kosmas, a.a.O., S. 248.
[16] Schmidt, Herz, a.a.O., S. 82, Nr. 334.

2. Kapitel

AUFRISS FÜR EIN STRUKTURMODELL DES ERZÄHLENS BEI ARNO SCHMIDT

Wir fassen die bisher vorgelegten Ergebnisse der Untersuchung zusammen und ziehen ein erstes erzähltheoretisches Resümee.

Wir gingen aus von der Feststellung Günther Müllers, daß das Erzählte und die Erzählform innig verbunden ist, und formulierten: Bauformen sind Funktionen der Erzählabsicht. Es ist das Ziel dieses Kapitels, ausgehend von den Untersuchungsergebnissen zur Interdependenz des Verhältnisses von Absicht und Erzählstruktur – und unter Hinzuziehung vieler Anmerkungen Arno Schmidts zu diesem Thema–, in Umrissen ein Strukturmodell für alle Erzählungen der drei Prosaversuchsreihen zu entwerfen, das die bislang erkannten Konstruktionsfaktoren und Konstruktionsverfahren zu einem System verbindet. Wiewohl wir uns dabei auf die voraufgegangenen Analysen stützen, stellen wir das Modell zunächst als These vor, deren Verifizierung dann im Fortgang der Arbeit versucht wird.

Unsere Untersuchung hat zwei Aspekte der Schmidtschen Erzählabsicht deutlich erkennbar werden lassen:

1.) die formale Reproduktion der „porösen Struktur (...) unserer Gegenwartsempfindung"[1], um „an die Stelle der früher beliebten Fiktion der ‚fortlaufenden Handlung' ein der menschlichen Erlebnisweise gerechter werdendes, zwar magereres aber trainierteres, Prosagefüge zu setzen"[2];
2.) die Absicht der typogrammatischen Erfassung bestimmter thematisch fixierter Wirklichkeitsbereiche.

Es wird später noch darzustellen sein, in welcher Weise beide Absichten zusammenhängen und hinsichtlich der formalen Mittel, die zu ihrer Verwirklichung eingesetzt werden, korrelieren.

Zuvor jedoch wollen wir zeigen, daß die in den Aufsätzen BERECHNUNGEN I und II so betont vorgetragene Konzeption der Abbildung von Hirnvorgängen zwar *ein* Schlüssel ist, das Denkmodell, nach dem Schmidt

---

[1] Schmidt, Berechnungen I, a.a.O., S. 291.
[2] Ebenda.

Realität darstellt, zu erkennen, daß sie aber keineswegs das alleinige und entscheidende Modell der Realitätsinterpretation und -darstellung ist. Ein zweites Modell erhellt vielmehr aus einer Reihe von Äußerungen Schmidts zur Aufgabe des Schriftstellers, die sich in seinen Aufsätzen und Erzählungen findet und hier berücksichtigt werden muß. Vor allem aber wird das Modell aus der Analyse der Texte selbst erkennbar.

Der Impetus des Schmidtschen Erzählens ist der Wille, die „Beschreibung und Durchleuchtung der Welt durch das Wort"[3] zu leisten, oder, wie es an anderer Stelle heißt: der „konformen Abbildung unserer Welt durch Worte näher zu kommen"[4], denn: „Eines (...) sollte jeder Dichter einmal leisten: ein Bild der Zeit uns zu hinterlassen, in der er lebte"[5]!

Diese sehr vereinfachte Formel der generalisierten Erzählabsicht Schmidts wirft zwei Fragen auf:

1.) Was heißt bei Schmidt WELT?
2.) Was bedeuten: Beschreibung der Welt, Durchleuchtung der Welt, konforme Abbildung der Welt?

Anders ausgedrückt: wir fragen nach dem Realitätsbegriff Schmidts und den Mitteln zu seiner darstellerischen Verwirklichung in der Erzählung, soweit diese Mittel innerhalb des Rahmens der voraufgegangenen Untersuchung liegen.

Schmidts Realitätsbegriff ist ein Mixtum aus einer objektiven und einer subjektiven Komponente. Alle Faktoren der Außenwelt werden als objektive Realität bezeichnet, jene der Bewußtseinswelt als subjektive. Die Apperzeptions*struktur* der Realitätserfahrung ist also subjektive, das Apperzeptierte objektive Realität. Ebenso rechnen Gedankenspiel und Traum zum Bereich der subjektiven Realität, wohingegen die konkreten Lebensumstände des Gedankenspielers bzw. Träumenden die Ebene der objektiven Realität vertreten[6].

Man vergröbert Schmidts Gedanken nicht, wenn man seine Überlegungen vereinfachend zusammenfaßt und feststellt: Realität ist das, was sich in einem Bewußtsein an Welt spiegelt, seien es Abbilder der Außen- oder Vorstellungen der Innenwelt.

[3] Schmidt, Berechnungen I, a.a.O., S. 284.
[4] Schmidt, Berechnungen II, a.a.O., S. 293.
[5] Schmidt, Der sanfte Unmensch, a.a.O., S. 195.
[6] Vgl. Schmidt, Berechnungen II, a.a.O., S. 294.

Konforme Abbildung der Realität muß deshalb, das ist der Akzent der Schmidtschen Argumentation, die Struktur der Wechselwirkung zwischen Mensch und Umwelt künstlerisch zu bewältigen versuchen; und Schmidts Aufforderung, die „längst fällige systematische Entwicklung der äußeren Form"[7] anzugehen, bedeutet deshalb nichts anderes, als für die Struktur dieses interdependenten Verhältnisses von Mensch und Umwelt, Sehformen, Erlebnisformen, Denkformen, die adäquaten Erzählformen zu erarbeiten.

Der mögliche Einwand, Arno Schmidt renne mit diesem Realitäts- und Realismusbegriff offene Türen ein, kann uns nicht der Sorgfalt entheben, seine Überlegungen aufmerksam zu studieren, da sie von ihm zur Begründung seiner Erzählstrukturen angeboten werden.

Wir haben oben ausführlich die drei von Schmidt für wesentlich angesehenen Strukturmodelle von Realitätserfahrung referiert[8] und sind im Verlauf der Analyse darauf zurückgekommen, so daß wir uns eine Wiederholung ersparen dürfen, zumal dies an der Struktur der Apperzeptionsvorgänge orientierte Vorstellungsmodell von Realität noch einmal im Zusammenhang mit dem nun zu entwerfenden anderen, von uns für grundlegender gehaltenen, Vorstellungsmodell diskutiert werden muß.

Wir kommen auf die Analyse der Situationszusammenhänge „Adressensuche" und „Kontaktaufnahme" zurück und rekapitulieren den formalen Aufbau von Wirklichkeit innerhalb dieser Textauszüge.

Bei Übereinsicht der Hauptkonstruktionsfaktoren und Konstruktionsverfahren zeichnet sich das Schema des folgenden Aufbauprinzips ab:

Konstruktionsfaktoren:	*Konstruktionsverfahren:*
1. Situationsindikatoren	werden kombiniert zu
2. Einzelsituationen	werden kombiniert zu
3. Situationszusammenhänge(n)	können kombiniert werden zu
4. Komplexe(n) von Situationszusammenhängen gleicher Grundsituation.	

Der Grundbegriff der Konstruktionsfaktoren heißt: Situation, der Grundbegriff des Konstruktionsverfahrens: Kombination.

Der Begriff *Situation* bedeutet: Lage, Sachlage, Stellung, Zustand; im Sprachgebrauch der Geographie: Lageplan, d. h. Darstellung der Grenz-

---

[7] Schmidt, Berechnungen I, a.a.O., S. 290.
[8] Vgl. diese Arbeit S. 19 ff.

linien zwischen Land und Wasser, der Verkehrswege, Siedlungen, der Bodenbedeckung und wichtiger Einzelobjekte.[9]

In jedem Falle bezeichnet er *statische* Grundverhältnisse: Wirklichkeit
im Zustand der Ruhe, Zeit im Moment des fixierten Augenblicks.

Wir möchten unterstellen dürfen, daß unsere Analysen diesen Wortsinn
des Begriffes Situation bestätigt haben. Die Fokussierung des Erzählten zu
kleinsten Eindrucks-, Erlebnis- und Gedankenpartikeln sowie deren Kombination zu den jeweils umfassenderen Abbreviaturen der Einzelsituation
und der Situationszusammenhänge ließ sich nicht, wie wir nachgewiesen
zu haben hoffen, als handlungsmäßige Entwicklung des Erzählthemas
interpretieren, sondern konnte zutreffender als beschreibende Zusammensetzung von thematisch fixierten Wirklichkeitsbereichen zu einem Kompositum von typischen Situationen, d. h. Zuständen, Denkweisen und geographischen Lageverhältnissen, kurz: zu einem Kompositum von Typo-
grammen des dargestellten Lebensraumes charakterisiert werden.

Wenn sich solchermaßen erweist, daß das Erzählthema (die Erzählabsicht) des Romans nicht auf handlungsmäßige Entfaltung angewiesen ist
und die Aufbauformen diese ohnehin nicht ermöglichen, dann kann es von
vornherein keinerlei handlungs- und entwicklungsbedingende Struktur gehabt haben, sondern muß unter einem völlig anderen Strukturaspekt gesehen und analysiert werden.

Dieser Aspekt ist der des RAUMES, und unsere These heißt: das Vorstellungsmodell, nach dem Realität in dargestellte Wirklichkeit transponiert
wird, ist nicht die auf irgendein Ziel hin bezogene Wirklichkeit, deren
Elemente, durchwirkt von finaler Strebekraft, sich in Richtung dieser Flucht-
linie anordnen, sondern der vorfindliche aus einer großen Anzahl von Ein-
zelelementen zusammengesetzte Raum[10].

---

[9] Vgl. Meyers Neues Lexikon, a.a.O., Bd. 7, S. 535, Sp. 2.

[10] Der Begriff des Raumes läßt an Wolfgang Kaysers Bezeichnung „Raumroman" denken
(vgl. Kayser, Das sprachliche Kunstwerk, a.a.O., S. 349—365). Kaysers Raumbegriff ist
ein gattungsdifferenzierender Begriff, konzipiert als Alternative zu den Begriffen
„Figur" und „Geschehen". Der Raumroman zeigt „die Totalität der persönlich erfahr-
baren Welt" (S. 363), die „Fülle der Schauplätze" (S. 363) einer „vielfältigen, offenen
Welt" (S. 363). Dieser Raumbegriff schließt den der Entwicklung nicht aus: Raumroman
und Entwicklungsroman sind keine einander vereitelnden Konzeptionen, sondern können
sogar innig verbunden sein (vgl. S. 365: „Noch inniger als in Rouge et Noir ist die Verbindung von Entwicklungs- und Raum-Roman bei Flaubert."). Das heißt: der Raum ist
bei Kayser keine Alternativkategorie zu der der Sukzession. So können denn auch Kayser
und Günther Müller jeder für sich die Romane Balzacs zum Gegenstand ihrer Argumentation machen, ohne einander zu widersprechen: Kayser nennt Balzac einen Epiker des

Das Denkmodell von der als Raum gedachten Realität sei, ehe seine Relevanz für die Beschreibung von Erzählstrukturen anhand weiterer Textanalysen geprüft wird, vorerst eingehender verdeutlicht, indem sein theoretischer Ort innerhalb der Konzeption des Schmidtschen Erzählens aufgewiesen wird. Dazu ziehen wir eine Reihe von Äußerungen Schmidts zum Thema heran, die ausführlicher zu zitieren erlaubt sein möge.

In seinem szenischen Funkessay „Siebzehn sind zuviel! James Fenimore Cooper"[11] läßt Schmidt den Romancier Scott folgende Frage an Cooper richten:

„(...) Was ich mit Ihnen besprechen wollte, ist das: Warum geben Sie eigentlich Ihren Büchern, bei dieser prachtvollen Landschaft, bei diesen eindrucksvollen Gestalten der Hinterwäldler und Indianer: warum geben Sie uns jedesmal so eine (...) erbärmlich-dürftige Handlung?! Nehmen Sie ihre ‚Pioneers' zur Hand ((...):) was geschieht darin?: Doch gar nichts! Dieser Ansatz zu einer winzig-theatralischen Handlung mit dem in der Höhle versteckten Alten: das ist doch nichts! Was für ein schneidender Mißklang zwischen den prachtvollen Einzelheiten und der provinziellen Fabel! (...): es fehlt Ihnen eine große, konsequent-ereignisreiche Handlung. Denn es ist keine ‚Handlung', wenn Sie Ihre Helden stereotyp immer wieder durch Wälder gejagt werden und entkommen lassen"[12]!

Für den Augenblick bleibt Cooper die Antwort schuldig, erst später findet er sie und formuliert dann ein schriftstellerisches Credo, das das Credo Arno Schmidts selber ist:

„(...) Sir, hätte ich sagen müssen, es gibt zwei Arten von Schriftstellern: die einen ergreifen den Leser durch die mächtige, wohlzusammenhängende, bedeutende Handlung. Bei den anderen aber ergibt sich die ‚Fabel' aus den Zuständen und Denkweisen! Etwa wie beim ‹Robinson Crusoe›: da geschieht auch nichts! Nur Züge der äußersten Einsamkeit werden versammelt: und eben der eine Mensch darin – und doch ergreift uns das Bild des ein-

Raumes (vgl. S. 364) und Müller weist an Le Père Goriot die Fruchtbarkeit der auf das Prinzip der Sukzession angewiesenen Analyse von Erzählzeit und erzählter Zeit nach (vgl. Müller, Le Père Goriot, a.a.O., S. 534 ff. und in dieser Arbeit S. 96 f.).
Kaysers Gattungsinteresse und unser grundsätzliches erzähltheoretisches Interesse mit seiner Frage nach der Relevanz des Prinzips der Sukzession und den daraus abgeleiteten Kategorien berühren sich also nicht in dem Begriff des Raumes, den Kayser verwendet. Unser Raumbegriff ist in einem ganz anderen Argumentationszusammenhang angesiedelt und deckt andere Vorstellungen, wie im Verlaufe der Arbeit noch deutlicher werden wird.
[11] In: Dya Na Sore, a.a.O., S. 276–309.
[12] Schmidt, Siebzehn, a.a.O., S. 298 f.

samen Mannes im Sand aufs tiefste, und prägt sich auf ewig ein! Und genau so ist es in meinen ‚Pioneers‘ (...): die Umwelt des neuen Settlements im Urwald; und die Denkweise jener Zeit: ich brauche gar keine Handlung. Die ‹Wahrheit› kennt doch gar keine Handlung, wie"[13]?!

Die ‚Wahrheit‘ ist für Schmidt die Erkenntnis, daß „(...) ‚in Wirklichkeit‘ viel weniger ‚geschieht‘ als die katastrophenfreundlichen Dramatiker uns weismachen wollen. Das Leben besteht, was ‚Handlung‘ anbelangt, aus den bekannten kleinen Einförmigkeiten: also verweigert man sich als Realist ‚um der Wahrheit willen‘ der Fiktion pausenlos-aufgeregter Ereignisse (wobei die radikalste Kühnheit in Denkweise, Sprache, Architektonik, sehr wohl mit solcher, nur dem oberflächlichen Beurteiler befremdlichen, Handlungsleere gepaart sein kann)"[14]. Denn: „(...) die ‚Fabel‘ einer Dichtung (muß) nur dem landläufigen Begriff nach aus Aktion bestehen (...), aus blitzartig hochgerissener Gebärdung"[15], daneben gibt es aber durchaus „eine zweite, andere Richtung (...), bei der die Fabel nicht aus Taten und Handlungen, sondern aus Zuständen und Denkweisen besteht"[16].

Nicht Handlung, sondern Zustände, nicht Entwicklungen, sondern Momente, nicht metaphysische Dimensionen, sondern Vermessung der Realität sind das Erzählthema Arno Schmidts: „Denken. Nicht mit Glauben be-

---

[13] Schmidt, Siebzehn, a.a.O., S. 306 f.
[14] Schmidt, Nichts ist mir zu klein, a.a.O., S. 57.
[15] Schmidt, Nichts ist mir zu klein, a.a.O., S. 58.
[16] Ebenda. — Vgl. hierzu auch Schmidt, die Handlungsreisenden, a.a.O., S. 296—299. Bezeichnend für Schmidt die Markierung seiner Erzählerposition durch den Rückgriff auf die von ihm zitierte Kontroverse Hebbel/Stifter, die „ja der klassische Zusammenstoß der beiden großen Schulen, damals um 1850" war (S. 296):
1. „Wißt Ihr, warum Euch die Käfer, die Butterblumen so glücken?:
   Weil Ihr die Menschen nicht kennt, weil Ihr die Sterne nicht seht!
   Schautet Ihr tief in die Herzen, wie könntet Ihr schwärmen für Käfer?
   Säht Ihr das Sonnensystem, sagt doch, was wär’ Euch ein Strauß? !
   Aber das mußte so sein; damit Ihr das Kleine vortrefflich
   liefertet, hat die Natur klug Euch das Große entrückt."
   (Hebbel an Stifter)
2. „Wie gewaltig und in großen Zügen auch das Tragische und Epische wirken, so sind es doch hauptsächlich immer die gewöhnlichen, alltäglichen, in Unzahl wiederkehrenden Handlungen des Menschen — gleichsam die Millionen Wurzelfasern am Baume des Lebens — in denen das s a n f t e Gesetz sich zeigt, wodurch das menschliche Geschlecht geleitet wird."
   (Stifter an Hebbel)
   (Zitiert nach Schmidt, Handlungsreisenden, a.a.O., S. 296.)
   Daß in diesem Falle Schmidt die Partei Stifters ergreift, ist selbstverständlich angesichts seiner eigenen Definition der Fabel.

gnügen: weiter gehen. Noch einmal durch die Wissenskreise, Freunde! Und Feinde. Legt nicht aus: lernt und beschreibt. Zukunftet nicht: seid. Und sterbt ohne Ambitionen: ihr seid gewesen. Höchstens voller Neugierde. Die Ewigkeit ist nicht unser (Trotz Lessing!): aber dieser Sommersee, dieser Dunstpriel, buntkarierte Schatten, der Wespenstich im Unterarm, die bedruckte Mirabellentüte. Drüben der lange hechtende Mädchenbauch"[17].

In diesem Zitat birgt sich das ganze positivistische Programm des Erzählers Schmidt, das er nicht müde wird in immer neuen Varianten und Wiederholungen zu formulieren:

„(...) die ‹Realisten› sind, getreu dem Gesetz nach dem sie angetreten, keine großen Denker oder Psychologen: (...) das Mikroklima der Seelen interessiert sie nicht. Sichtbarkeit ist Voraussetzung, um zu ihrer Gunst zu gelangen; Erfaßbarkeit in Tabellenform gar, erwirbt unfehlbar ihre Liebe. Grübeln ist letzten Endes unfruchtbar; und verfälscht das (ohnehin durch unseren mangelhaften, biologisch eben noch ausreichenden, Sinnenapparat schon genugsam fragwürdige) Detail, zum zweiten, unheilbarsten, Male. Also beginnt man am besten, redlich, korrekt, und, gottlob, rüstig, schon beim Aufstehen die dichterische Arbeit: den grandiosen, nüchtern = phantastischen Versuch einer Bewältigung der Welt vermittelst Beschreibung"[18]; denn: „Für den Realisten liegt das Irrationale dieser Welt nicht in der tödlich-mythischen Wesensart der Dinge; sondern in ihrer großen (obwohl nicht unendlichen!: das gibt es gar nicht!) Anzahl: also wendet er sich *dieser* besorgt, aber entschlossen zu; zu jeder Art von Beschreibung und Bewältigung bereit"[19]. „(...) Nicht auf Berauschung ist es (...) abgesehen, sondern auf Inspektion! Auf händereibend = sammlerhafte"[20]. Abgesehen ist es auf die Bestandsaufnahme der Welt, auf ihre Topographie. Brockes, dem diese Zitate gelten, Brockes, so heißt es einmal geradezu emphatisch bei Schmidt: eine *Topographennatur*[21]! Mit gutem Recht könnte man diesen Ausruf paraphrasieren und schreiben: Schmidt: eine Topographennatur! Schmidt, der von sich selber sagt: „Ich, ein armer Pracher in wohlaufgerüsteten Zeitläufen, bin nicht für Ausblicke in die Ewigkeit & was damit zusammenhängt: die Oberflächen der Dinge sind noch so unzureichend beobachtet, (und dies Unzureichende ist meist so stümperhaft beschrieben), daß ich es

---

[17] Schmidt, Seelandschaft, a.a.O., S. 53.
[18] Schmidt, Nichts ist mir zu klein, a.a.O., S. 63.
[19] Schmidt, Nichts ist mir zu klein, a.a.O., S. 66. Hervorhebung dort kursiv.
[20] Schmidt, Nichts ist mir zu klein, a.a.O., S. 77.
[21] Vgl. Schmidt, Nichts ist mir zu klein, a.a.O., S. 82. Hervorhebung, R. B.

ganz schlicht ablehne, mich mit Göttern zu befassen"[22], denn wichtiger als ihr Wesen sind die Oberflächen der Dinge[23]. Deshalb: was wir brauchen, sind „Benenner"[24], die nach der Devise schreiben: „‹Beobachtet, wie auch Ihr beobachtet werdet›"[25]. – *Für den Topographen aber ist die Wirklichkeit ein RAUM, der vermessen wird,* und nicht zufällig ist der Landmesser die Lieblingsfigur Arno Schmidts und der Beruf vieler seiner Ich-Erzähler, denn „(...) der Landmesser reinigt die Welt; von Wirrnissen, von Unübersichten, von Nurmythologischem"[26], für ihn gibt es nichts Erregenderes „(...) als Zahlen, Daten, Namensverzeichnisse, Statistiken, Ortsregister, Karten"[27].

Kehren wir zum Ausgangspunkt dieses Kapitels zurück. Wir wollten in Umrissen ein Strukturmodell für alle Erzählungen der drei Prosaversuchsreihen entwerfen, das die bislang erkannten Konstruktionsfaktoren und Konstruktionsverfahren zu einem System verbindet. Wir erfüllen diese Absicht, indem wir nunmehr die Ergebnisse der Analysen und die Einsichten zum erzähltheoretischen Selbstverständnis Arno Schmidts zur folgenden Darstellung der generalisierten Erzählstruktur Schmidtscher Erzählwerke zusammenfassen.

Realität wird als vorfindlicher aus einer großen Anzahl von Realitätspartikeln zusammengesetzter Raum aufgefaßt. Analog ist die fiktive Wirklichkeitsstruktur in der Erzählung als Raum zu begreifen. Das Gesamt der dargestellten Wirklichkeit ist der Wirklichkeitsraum.

Die konkreten Schauplätze der Erzählungen nennen wir Situationsräume. Ahlden und Berlin sind die Situationsräume des Romans DAS STEINERNE HERZ. In den meisten Erzählungen sind diese Situationsräume identisch mit exakt in ihren Grenzen zu bestimmenden geographischen Regionen: Ahlden, Berlin. Auch dort, wo die Erzählung in vergangenen oder utopischen Zeiten spielt, sind die geographischen Dimensionen des Schauplatzes abgesteckt[28]. Im Hinblick auf die geographische Dimension des Begriffes Situationsraum bedeutet der Terminus dann im karto-

[22] Schmidt, Sylvie & Bruno, a.a.O., S. 253.
[23] Schmidt, Nebenmond und rosa Augen, a.a.O., S. 90.
[24] Schmidt, Schwänze, a.a.O., S. 134.
[25] Schmidt, Die 10 Kammern des Blaubart, a.a.O., S. 245.
[26] Schmidt, Kosmas, a.a.O., S. 254.
[27] Schmidt, Kosmas, a.a.O., S. 248.
[28] So versieht Schmidt den Roman *Die Gelehrtenrepublik* sogar mit einer genauen Karte des Inselschauplatzes. In *Kaff auch Mare Crisium* ist der utopische Schauplatz das Mare Crisium. In *Alexander oder Was ist Wahrheit* reist Lampon auf dem Euphrat zu seinem Onkel Alexander, dessen Feldlager in Babylon aufgeschlagen ist.

graphischen Sinne das Kompositum topographischer Faktoren wie Grenz-
linien, Verkehrswege, Siedlungen, Bodenbedeckung und wichtige Einzelobjekte.

Jeder Situationsraum ist zugleich Lebensraum der innerhalb seiner Grenzen wohnhaften Menschen. Der Begriff Lebensraum meint das Kompositum
von Faktoren, die wir als Lebensumstände kennen. Solche die Lebensumstände ausmachenden Faktoren müssen, wie wir gesehen haben, nicht
innerhalb der Grenzen des Situationsraumes lokalisiert sein. Der Lebensraum Ahlden kann deshalb beispielhaft als eine von Schmidt für typisch
angesehene Komponente der bundesrepublikanischen Wirklichkeit des Jahres 1954 fungieren[29]. Die Summe aller Situations- und Lebensräume ergibt
das Gesamt der dargestellten Wirklichkeit, den Wirklichkeitsraum.

Wie wird nun der Aufbau einer als Raum vorgestellten fiktiven Wirklichkeit erzähltechnisch geleistet? Das ist für uns keine grundsätzlich neue
Frage. Ihre Beantwortung hat auszugehen von dem oben skizzierten Schema
eines generalisierten Aufbauprinzips. Um nun die Funktion der bisher erkannten Konstruktionsfaktoren aus der Sicht des raumorientierten Vor-
stellungsmodells zu verdeutlichen, werden wir den bislang benutzten Begriffen korrespondierende Termini zugesellen, die die Struktur des Erzählvorgangs als die Kombination von Realitätspartikeln zu jeweils umfassenderen Realitätsregionen veranschaulichen möchten.

Wiederholen wir noch einmal unser Schema und fügen wir jetzt die für
den ersten Teil des Romans DAS STEINERNE HERZ ausgezählten Zah-
lenwerte hinzu:

Konstruktionsfaktoren:	*Konstruktionsverfahren:*
1. n Situationsindikatoren	werden kombiniert zu
2. 371 Einzelsituationen	werden kombiniert zu
3. 35 Situationszusammenhänge(n)	davon werden 29 Situationszu- sammenhänge kombiniert zu

4. 3 Komplexe(n) von Situationszusammenhängen gleicher Grundsituation,
   die aus 13, 10 bzw. 6 Situationszusammenhängen zusammengesetzt
   sind.

---

[29] Die Ausweitung des Situations- und Lebensraumes zum Modell einer umfassenderen
Wirklichkeitsstruktur verhindert bei aller provinziellen Begrenzung der Schauplätze, daß
der Roman zum Heimatroman wird, dessen Strukturmerkmal uns gerade die ausschließliche Fixiertheit auf das nur regional Repräsentative zu sein scheint.

Der Situationsraum des ersten Teiles heißt Ahlden. Die Erzählabsicht ist die typogrammatische Erfassung dieses Situations- und Lebensraumes. Der Erzählvorgang kann gedacht werden als topographische Bestandsaufnahme des Raumes, wobei sich der Topograph auf die Registrierung der von ihm für typizitär erachteten Raumstrukturen und -elemente konzentriert. Der Vorgang stellt sich im Aufriß wie folgt dar:

1.) Situationsindikatoren erfassen typizitäre Partikeln des darzustellenden Wirklichkeitsraumes;
2.) diese werden kombiniert zu 371 Einzelsituationen, abbreviatorisch erfaßten Kleinstbereichen des Situationsraumes. Diese Kleinstbereiche sind gleichsam *Parzellen* des Situationsraumes. Die Binnenstruktur dieser Parzellen ergibt sich aus der Anordnung der Raumpartikel.
3.) Eine bestimmte Anzahl solcher Parzellen (Einzelsituationen) bildet ein Wirklichkeits- oder Realitäts*feld:* den Situationszusammenhang.
4.) Felder können zu einem Wirklichkeitsbereich (Komplex von Situationszusammenhängen) verbunden werden; Beispiel: Die Thumanns und ihr Lebensraum Ahlden.
5.) Alle Felder zusammengenommen ergeben die Dimension des Situations- und Lebensraumes.

Die Termini Partikel, Parzelle und Feld sind hier lediglich als methodische Hilfsbegriffe zur Verdeutlichung der Struktur des Erzählvorgangs aufgefaßt; grundsätzlich halten wir an den bislang verwendeten Begriffen Situationsindikator, Einzelsituation, Situationszusammenhang und Situationsraum fest. Dem Begriff des FELDES kommt jedoch in diesem Zusammenhang ein besonderer Rang zu, insofern er die von uns gemeinte Vorstellung von der als Raum aufgefaßten Wirklichkeitsstruktur zu veranschaulichen vermag, indem wir uns vergegenwärtigen, welche Vorstellungen andernorts mit dem Begriff verbunden werden. Dazu sei hier vor allem aus dem Wissenschaftsbereich der Psychologie und Sozialpsychologie zitiert, wobei wir jedoch darauf aufmerksam machen, daß wir nicht vorhaben, die Diskussion über Bauformen des Erzählens und Konstruktionsprinzipien mit Argumenten aus dem Bereich einer anderen Wissenschaftsdisziplin abzustützen. Es geht im folgenden nur darum, sichtbar zu machen, welche Anregungen unseren Denkvorgang bei der Analyse der Schmidtschen Texte mitbestimmt haben, um auf diese Weise unseren Raumbegriff möglichst präzis – unter Zuhilfenahme eines in der Psychologie üblichen Denkmodells – zu beschreiben.

Unter dem Stichwort FELD heißt es unter anderem im Wörterbuch der Psychologie: „In der Sozialpsychologie bedeutet F. (sc. Feld) die Gesamtheit der Bedingungen und Kräfte, in denen ein Lebewesen steht. Die *Feldtheorie des Verhaltens* (K. Lewin) setzt an die Stelle der innerindividuellen Antriebskräfte die Kräfte der Gesellschaft bzw. der personalen Umwelt. Diese bestimmen das Verhalten des einzelnen. Der Lebensraum wird verstanden als (vektoriell beschreibbares) Kraftfeld. Lewin und seine Schüler ((...)) haben diese Auffassung durch experimentielle Untersuchungen gestützt"[30]. Im Sinne dieses Feldbegriffes verstehen wir RAUM als die Mannigfaltigkeit umfassenderer und engerer Bezugssysteme. Die Beschreibung und Analyse von Feldern stellt sich dann dar als topographische Erfassung und Interpretation von Feld- bzw. Bezugsfaktoren. Ohne jedoch weiter auf Details dieses Feldbegriffes einzugehen und ohne auch die Definitionen des Begriffes durch die Physik und Philosophie einzubeziehen, sei unser Interesse an dem Begriff FELD in der Weise eingeschränkt, daß wir meinen, in dem Denkmodell des FELDES die Gegenkonzeption zu allen Vorstellungen sehen zu dürfen, die Wirkungszusammenhänge nur als linear und phasenhaft sich abwickelnde Entwicklungsprozesse begreifen. Die Vorstellung von einem Feld setzt an die Stelle der linearen phasenhaften Abfolge das Kompositum einer Anzahl gleichzeitig und nebeneinander wirkender Faktoren. Aus der Folge des Nacheinanders wird das Bezugssystem des Nebeneinanders. Ohne dem Zwang zum Analogiedenken zu verfallen, sei erlaubt, aus diesen Anmerkungen zum Begriff des Feldes innerhalb der Psychologie für unsere erzähltheoretischen Überlegungen folgenden Gedankengang abzuleiten: Wenn Lämmert den „idealen Grundriß des Erzählten"[33] in der Formel des „Es ward – und dann"[32] als dem „Schema des vom Anstoß der ersten Begebenheit sich abspinnenden Geschehens"[33] sieht, dann ist diesem Grundriß keine wie auch immer ausgeprägte Feldvorstellung zugrundezulegen; das Modell ist die Linie. Insofern sind also diese Formel und alle aus ihr abgeleiteten Begriffe zur Beschreibung von Bauformen nicht praktikabel, sobald sich der Erzählvorgang als Aufbau von Feldern darstellt.

Hier taucht eine Reihe von Fragen auf. Wenn in Lämmerts Konzeption die Zeit als Sukzession die strukturbestimmende Dominante ist, welche

---

[30] Hehlmann, W. (Hrsg.), Wörterbuch der Psychologie, a.a.O., S. 142, Sp. 1 u. 2
[31] Lämmert, Bauformen, a.a.O., S. 21.
[32] Ebenda.
[33] Ebenda.

Funktion hat dann die Zeit in dem hier entwickelten Strukturmodell des Erzählens? Mit dieser Überlegung eng verknüpft ist die eingangs dieses Kapitels gestellte Frage nach der Korrelation beider Erzählabsichten: der typogrammatischen Fixierung von Wirklichkeitsbereichen einerseits und der formalen Reproduktion der „porösen Struktur (...) unserer Gegenwarts- empfindung"[34] andererseits. Impliziert die erste dieser Absichten notwendig die Vorstellung eines Raumes, so wird die zweite von zeitlicher Anschauung bestimmt. Die poröse Struktur der Vergangenheits- und Gegenwartserfah- rung wird ja von Schmidt ausdrücklich als Diskontinuitätserlebnis inter- pretiert, d. h. als Wegfall von erlebter Zeit: „(...) hat man das Gefühl eines ‚epischen Flusses‘ der Ereignisse? Eines Kontinuums überhaupt? Es gibt diesen epischen Fluß, auch der Gegenwart, gar nicht. Jeder vergleiche sein eigenes beschädigtes Tagesmosaik! // Die Ereignisse unseres Lebens springen vielmehr. Auf dem Bindfaden der Bedeutungslosigkeit, der all- gegenwärtigen langen Weile, ist die Perlenkette kleiner Erlebniseinheiten, innerer und äußerer, aufgereiht"[35].

Wenn solchermaßen zwar noch Zeitverhältnisse feststellbar bleiben, der Zeitablauf aber derart partikularisiert wird, daß die Gegenwärtigkeit un- endlich vieler Augenblicke die Zeit*dimension* zum Verschwinden bringt, dann kann man wohl noch zeitliche Daten ausmachen, der finale Charakter der Zeit jedoch, das mähliche Werden, ist zerstört. Das bedeutet aber, daß der Begriff der Zeit als des Mediums, in dem sich Handlungen verwirk- lichen, ein anderer sein muß als im traditionellen Roman. Es ist daher zu fragen, ob ein Kategorienpaar wie das von Erzählzeit und erzählter Zeit als Instrument zur Aufdeckung von Bauformen des Erzählens nicht seine Funktionsfähigkeit zu verlieren droht, wenn der Zusammenhang aller erzählten Faktoren und formalen Materialisierungen nicht mehr durch ihren Bezug auf die Kontinuität des zeitlichen Werdens gewährleistet wird.

Die Beantwortung dieser letzten Frage wird nicht nur darüber entschei- den, ob die von Lämmert und insbesondere Günther Müller behauptete allzeitige interpretatorische Relevanz der Analyse des Verhältnisses von Erzählzeit und erzählter Zeit zu Recht beansprucht wird, sondern wird auch klären, ob das Prinzip der Sukzession das alleinige strukturbestim- mende Kriterium des Erzählens ist, wie von Lämmert reklamiert, oder ob sich nicht, wie das die bisher vorgelegten Analysenergebnisse andeuten,

---

[34] Schmidt, Berechnungen I, a.a.O., S. 291.
[35] Schmidt, Berechnungen I, a.a.O., S. 290 f.

auch ein Strukturmodell des Erzählens denken läßt, das von dem Begriff des Raumes geprägt ist, so daß wir von zwei fundamental unterschiedlichen Strukturmöglichkeiten des Erzählens zu sprechen berechtigt wären.

Unter dem Aspekt dieser Fragen soll im folgenden Kapitel die Erzählung AUS DEM LEBEN EINES FAUNS analysiert werden, wobei wir uns diesmal nicht auf einen Ausschnitt des Werkes beschränken werden, sondern den Strukturaufriß der ganzen Erzählung darstellen und interpretieren wollen, um dergestalt sowohl die *zwingende Notwendigkeit* als auch die Leistungsfähigkeit solcher Strukturanalysen für die Interpretation eines Werkes sichtbar zu machen, denn morphologische Strukturen sind keine bedeutungsfreien formalen Gerüste, in die die Inhalte der Erzählung eingehängt werden, sondern implizieren die interpretatorischen Perspektiven, denen der Interpret zu folgen hat, will er sich nicht in strukturunangemessene Auslegungen verlieren. Interpretation heißt jedoch im Zusammenhang dieser Arbeit immer nur Berücksichtigung jener interpretatorischen Dimensionen, die sich aus der morphologischen Struktur erhellen lassen. Zugleich wird vorausgesetzt, daß der Leser die Resultate der voraufgegangenen Analysen in das folgende Kapitel einbringt, weil sich deren detaillierte – nur auf andere Inhalte bezogene – Wiederholung aus methodischen Gründen verbietet.

3. Kapitel

ANALYSE DER ERZÄHLUNG AUS DEM LEBEN EINES FAUNS

A) BLICK AUF DIE FORSCHUNG: ERZÄHLZEIT UND ERZÄHLTE ZEIT

Unter Berufung auf die Forschungsergebnisse Günther Müllers schreibt Lämmert in seinen „Bauformen des Erzählens": Der beobachtende und beurteilende Vergleich von *„erzählter Zeit* und *Erzählzeit* (ist), wenngleich er nur eines unter vielen Mitteln darstellt, der *zunächst sicherste* Weg, das Verhältnis von erzählter Wirklichkeit und sprachlicher Wiedergabe zu fassen. Hier treten die allgemeinen Prinzipien der Andeutung und Auswahl in der Form von *Raffung* und *Aussparung* so deutlich zutage, daß sie sich in vielen Fällen sogar exakter Messung nicht entziehen. Darüber hinaus bietet sich so die Möglichkeit, Erzählwerke aller Zeiten und aller Sprachen in einem gemeinsamen Punkte zu fassen"[1].

An diesem Zitat ist unanfechtbar nur die Behauptung, daß sich Erzählzeit und erzählte Zeit für jedes denkbare Erzählwerk nachweisen lassen. Daß hingegen die Analyse des Verhältnisses von Erzählzeit und erzählter Zeit immer und in allen Fällen die Struktur des Verhältnisses von erzählter Wirklichkeit und sprachlicher Wiedergabe zu erhellen vermag, stellen wir für die Erzählungen Arno Schmidts und damit grundsätzlich in Abrede. Es wird sich erweisen, daß, ähnlich wie Lämmert den Begriff der bloßen Sukzession erst aufgrund ontologischer Vorbesinnung zum Generalnenner des Erzählens machen konnte, Günther Müller die Funktionsfähigkeit der von ihm definierten Kategorien Erzählzeit und erzählte Zeit an Prämissen gebunden hat, die eben keineswegs für alle Erzählwerke aller Zeiten und aller Sprachen gelten.

Das läßt sich nicht ohne einen Blick auf Müllers morphopoetologische Grundanschauungen verdeutlichen, denn das Kategorienpaar Erzählzeit/ erzählte Zeit ist durch die Axiome der Müllerschen Poetik in weitaus höherem Maße belastet, als es der unbefangene, den spezifischen Ansatz Müllers gar nicht mehr mitdenkende Gebrauch der Begriffe mit dem immer gewährleisteten Erfolg, bloße Zeitverhältnisse in jedem Falle aufzudecken,

[1] Lämmert, Bauformen, a.a.O., S. 23.

vermutlich ahnen läßt. Es geht also im folgenden zunächst darum, den morphopoetologischen Ort der Frage nach dem Zeitgerüst des Erzählens *innerhalb* des Systems der von Müller entworfenen morphologischen Poetik zu bestimmen und zu klären, welche Funktion sie dort für das Erkenntnisinteresse Müllers besitzt. Dazu ist erforderlich, den Ausgangspunkt und das leitende Interesse der Müllerschen Argumentation kurz zu rekapitulieren. Zugleich soll dieser Rekurs die *Herkunft* der Frage nach dem Zeitgerüst des Erzählens innerhalb des morphopoetologischen Denkprozesses bei Müller einsichtig machen, denn bei Übersicht der Schriften Müllers zur Möglichkeit einer morphologischen Poetik wird so etwas wie die Genese der Begriffe Erzählzeit und erzählte Zeit erkennbar.

Geprägt von den morphologischen Studien Goethes und dessen Auffassung von Kunst als einer anderen Natur[2], begreift Günther Müller Dichtung als einen Organismus: „Jede Dichtung ereignet sich werdend. Sie bildet sich in Metamorphosen eines rastlosen sprachlichen Flusses. Es sind echte Metamorphosen, also, keine zusammenhanglosen Veränderungen, sondern wachstumsartige Vorgänge, die einander wechselweise halten, tragen und bedingen; Vorgänge also, die ein Keimhaftes umbildend ausbilden. In ihrem Werden Zug um Zug wird der ‚Komplex des Daseins der wirklichen Dichtung', nämlich die Gestalt"[3].

Müllers Interesse gilt nun der Suche nach den „durchwaltenden Grundmächten"[4], die hinter den „geschichtlichen Besonderungen"[5] der jeweils einzelnen Dichtung den Typus Dichtung als einer anderen Natur in seinem Werdeprozeß strukturieren. Herkommend von Goethe, erkennt er in der Vertikal- und Spiraltendenz, die die Metamorphose der Pflanze prägen, die beiden prinzipiellen Strukturtendenzen auch für den metamorphosischen Gestaltaufbau der Dichtung, die nun im poetologischen Zusammenhang „Führkraft" und „Schwellkraft" genannt werden[6].

Unsere These ist nun, daß in dieser Anschauung die Theorie von Erzählzeit und erzählter Zeit keimhaft beschlossen liegt. Wenn nämlich Müller bemerkt, „daß im sprachlichen Werdefluß von Dichtung ein Ausdehnen und Zusammenziehen, ein Anziehen und Abstoßen, ein Vorwärtsdringen und Zurückwirken, ein Voranschreiten und Ausbreiten, ein Sprossen und

---

[2] Vgl. Goethe, a.a.O., Bd. 21, S. 123, Nr. 1105.
[3] Müller, Gestaltfrage, a.a.O., S. 187.
[4] Müller, Morphologische Poetik, a.a.O., S. 231.
[5] Ebenda.
[6] Müller, Gestaltfrage, a.a.O., S. 183 ff.

Furchen sich vollzieht"[7] und er diese Kräfte des Voranführens bzw. Ausbreitens und Aufschwellens[8] vorerst „behelfsmäßig"[9] als Führkraft und Schwellkraft bezeichnet, so beschreibt er im Grunde, bezieht man die Beobachtungen auf die Erzählkunst, Strukturtendenzen zügig raffenden bzw. einlässigen Erzählens. Auf eben die Erhellung solcher Proportionen von Führkraft und Schwellkraft in der Erzählung zielt aber die Analyse des Verhältnisses von Erzählzeit zu erzählter Zeit. Wenn Lämmert später feststellt: „Unter der Hand des Erzählers strukturiert sich also die Sukzession der Begebenheiten, teilt sich die Abfolge des Ganzen in sehr unterschiedliche Erzählglieder auf – Glieder, die kraft ihres energischen und gerichteten *Auseinanderwachsens* nicht Stücke, sondern *Phasen* in der Bildung des Ganzen darstellen"[10], so ist damit exakt das gemeint, was Müller das „Wechselspiel der einander durchdringenden Kräfte"[11] nennt, das als ein Spiel zwischen Führkraft und Schwellkraft die Abfolge des Ganzen in sehr unterschiedlich proportionierte Erzählglieder aufteilt, je nachdem, wieviel Zeit sich der Erzähler zum Ausfalten der einzelnen Phasen nimmt.

Der genetische Zusammenhang zwischen der Frage nach Führkraft und Schwellkraft und jener nach dem Zeitgerüst des Erzählens erhellt deutlich aus den Überlegungen Müllers, die Gattungen unter dem Aspekt des Vorwaltens einer der beiden Strukturtendenzen zu bestimmen: „In der Lyrik wird die Führkraft nicht wohl vorherrschen können, dagegen die Schwellkraft"[12]. Wenig später heißt es dann: „Es legt sich die Vermutung nahe, daß zum Gestaltgesetz der Lyrik eine gewisse Enthebung aus dem Nacheinander der Zeit in die Gegenwärtigkeit eines zeitlosen Nun und Stets gehört. Auf das lyrische Gedicht ‚Über allen Gipfeln ist Ruh‘ läßt sich eine Frage nach dem ‚Wann?‘ und ‚Wie lange?‘ überhaupt nicht beziehen"[13]. Da sich nun die Strukturen insbesondere epischer Dichtungen mit Hilfe der Frage nach dem Zeitgerüst konkreter erhellen lassen als durch die Untersuchung der proportionalen Anteile von Führkraft und Schwellkraft, bezogen auf Seitenzahlen, treten diese beiden Begriffe in den folgenden

---

[7] Müller, Gestaltfrage, a.a.O., S. 183.
[8] Vgl. Müller, Morphologische Poetik, a.a.O., S. 238.
[9] Müller, Gestaltfrage, a.a.O., S. 190.
[10] Lämmert, Bauformen, a.a.O., S. 23. „Auseinanderwachsens" hervorgehoben von R. B.; „Phasen" im Text kursiv.
[11] Müller, Morphologische Poetik, a.a.O., S. 238.
[12] Müller, Gestaltfrage, a.a.O., S. 187.
[13] Müller, Gestaltfrage, a.a.O., S. 203 f.

Untersuchungen zur Bedeutung der Zeit hinter jene von der Erzählzeit und erzählten Zeit zurück[14].

Erkennt man also, wie wir für berechtigt halten möchten, in Führkraft und Schwellkraft die strukturierenden Kräfte, die die Proportionen des Erzählten als erzählte Zeit bestimmen, so impliziert nun auch der Begriff von der erzählten Zeit die biomorphologische Vorstellung von der metamorphosischen Energie dieser Tendenzen. Das heißt: die erzählte Zeit selbst wird als ein Vorgang der Metamorphose begriffen, die ein Keimhaftes umbildend ausbildet. Erzählte Zeit fungiert folglich nach Müller im Erzählwerk nicht als Metronom, das die mit der Uhr meßbaren Zeitlängen einzelner Geschehensabläufe sowie des vollständigen Begebniszusammenhanges feststellt, sondern erweist sich in ihren metamorphosischen Ausfaltungen vertikaler und spiraler Tendenz als die den Organismus des Erzählwerkes in Gestalt *und* Gehalt durchwaltende Grundmacht, der er seine Ausprägung verdankt. Damit wird Zeit in der Erzählung zur *bewirkenden* Qualität, denn, so sagt Müller, „in der echten Erzählung (...) handelt es sich (...) um das Geschehen *als* zeitlich, um die erfüllte vom Ereignis gezeitigte und das *Ereignis zeitigende Zeit,* um die Zeitlichkeit des Lebens"[15]. Nichts anderes sagt Lämmert, wenn er schreibt: „Das *Gerüst* jedoch muß beim Erzählwerk die fortschreitende und zwar energisch, d. h. von einer Strebekraft durchwirkte Handlung sein"[16]; Strebekraft: das ist die Energie der durchwaltenden Grundmacht Zeit, deren kontinuierliche metamorphosenhafte Ausfaltung denn auch die Erzählglieder des Erzählwerks nicht als *Stücke,* sondern als auseinander hervorwachsende Phasen erscheinen läßt[17].

Hier nun wird überaus deutlich, daß die Kategorie „erzählte Zeit" einen *thematischen* Aspekt von Zeit impliziert, der als unausdrückliches Thema gewissermaßen der Erzählung a priori zugrundeliegt, insofern nämlich vorausgesetzt ist, daß Zeit sich als das „unaufhaltsame Fließen der Lebenszeit"[18] darstellt und dies Fließen „in der Erzählung überhaupt dasjenige ist, was vergegenwärtigt wird"[19]. Das ist ein *interpretierter* Begriff von Zeit und als solcher, wenn er zum Konstituens der Erzählung wird, sowohl ein formaler als auch ein thematischer Aspekt des Erzählten, was immer sonst

[14] Müller, Gestaltfrage, a.a.O., S. 203 f.
[15] Müller, Die Bedeutung der Zeit in der Erzählkunst, a.a.O., S. 251. „als" im Text gesperrt.
[16] Lämmert, Bauformen, a.a.O., S. 21.
[17] Vgl. Lämmert, Bauformen, a.a.O., S. 23.
[18] Müller, Die Bedeutung der Zeit in der Erzählkunst, a.a.O., S. 252.
[19] Ebenda.

im einzelnen dargestellt sein mag. Vor allem aber ist er als interpretierter Begriff auch ein historischer Begriff von Zeit. Robbe-Grillet hat in seiner kritischen Auseinandersetzung mit dem traditionellen Roman auf eben diesen historischen Aspekt von Zeit und seine Funktion für die Erzählung hingewiesen, wenn er schreibt: „Dort spielte die Zeit eine Rolle, und zwar die erste: sie vollendete den Menschen, sie war das Agens und Maß seines Schicksals. Ob es sich um einen Aufstieg oder einen Verfall handelte, sie verwirklichte ein Werden, gleichzeitig Bürgschaft für den Triumph einer Gesellschaft, die im Begriff war, die Welt zu erobern, und Schicksalhaftigkeit einer Natur: die *conditio* des Menschen als sterbliches Wesen. Die Leidenschaften ebenso wie die Ereignisse konnten nur in einer zeitlichen Entwicklung ins Auge gefaßt werden: Geburt, Heranwachsen, Blütezeit, Verfall und Sturz"[20].

Erweist sich die Kategorie „erzählte Zeit" – und wir können hinzufügen: auch das Prinzip der Sukzession im Sinne Lämmerts – solchermaßen mit einem Vorverständnis von Zeit behaftet, dann wird man fragen müssen, ob nicht die Funktionsfähigkeit der Analyse von Erzählzeit und erzählter Zeit als Instrument zur Aufdeckung von Bauformen des Erzählens auf Texte angewiesen ist, deren gestalt- und gehalthafte Struktur von eben jenem Zeitbegriff bestimmt wird; denn es war ja die These Müllers, daß das Erzählte und die Erzählform innig verbunden sei[21] und das Kriterium jeder Formanalyse in der Strukturgerechtigkeit ihrer Fragen gegenüber dem Erzählten zu bestehen habe.

Tatsächlich beruhen nun alle von Müller zugesicherten prinzipiellen Einsichten in die Struktur von Erzählwerken, die aus der Analyse des Verhältnisses von Erzählzeit / erzählter Zeit erhellen sollen, auf dieser unter dem Aspekt der angenommenen Analogie zwischen organischer und künstlerischer Gestalt gewonnenen biomorphologisch-energetischen Definition von erzählter Zeit. Das möge ein Blick auf die zentralen Thesen zur Theorie der Zeit in der Erzählkunst belegen. Wenn laut Müller in der Erzählung das „Grundgefüge des sinngebenden Artikulierens (...) durch ausdrückliches Erzählen der für die Sinngebung wichtigen Zeiten und durch Aussparen (sowie Raffung, R. B.) der dafür belanglosen"[22] entsteht, d. h. erzählte Zeit

---

[20] Robbe-Grillet, Zeit und Beschreibung im heutigen Roman, a.a.O., S. 105. „conditio" im Text kursiv.
[21] Vgl. diese Arbeit S. 17.
[22] Müller, Die Bedeutung der Zeit in der Erzählkunst, a.a.O., S. 265.

„Anlage und Erstreckung dessen ist, was der Dichter (...) aus einem über-
lieferten oder von der Einbildungskraft hervorgebrachten Geschehnis-
zusammenhang für das ausdrückliche Erzählen ausgewählt und in seine
Erzählung hineingebildet hat"[23], dann liegt dieser Theorie als Prämisse die
Vorstellung zugrunde, als sehe jeder Erzähler „zunächst den Ablauf seiner
Geschichte in voller Kontinuität vor sich und wähle nun aus diesem unerschöpflich reichen Kontinuum die für seine Erzählung wichtigen Phasen
aus"[24]. Und so heißt es denn auch in Müllers „Bonner Antrittsvorlesung
1946" zum Problem des Verhältnisses von Wirklichkeit und ihrer sprachlichen Wiedergabe: „Das Leben erzählt sich ja gerade nicht, sondern es *lebt*
sich. Es spart gerade nicht aus, sondern ist bis in die feinste Regung jeder
einzelnen Zelle vollständig. Und als ein so vollständiger Begebniszusammen-
menhang ist ebenfalls jeder Vorgang entworfen, der nicht aus geschichtlichen Quellen gewonnen, sondern von der Einbildungskraft hervorgebracht wird"[25]. Der Dichter erzählt also „von einer Geschehnisfolge, die sich
unabhängig von dem Erzählvorgang, außerhalb der Erzählung begeben
hat. Er vergegenwärtigt sie, aber nicht genau so, wie sie in sich ist, sondern
in einer Hinsicht dürftiger, in anderer Hinsicht reicher"[26].

Wenn Müller später von dieser Auffassung abrückt und schreibt: „Der-
artiges von dem bildnerischen Vorgang allgemein zu behaupten, halte ich
heute nicht mehr für statthaft. Mag der Erzähler das ausdrücklich Erzählte
aus einem sehr viel breiteren und ununterbrochenen Zusammenhang raffend
ausgewählt haben, mögen nur die ausdrücklich erzählten Phasen von seiner
Phantasie hervorgebracht sein, das Werk als solches erhebt sich vor dem
Leser in seinem eigenen Ablauf, und in ihm selbst legen sich die breit erzählten, die gerafften, ja sogar *die übersprungenen Partien* dar"[27], so bedeutet
diese Einschränkung zwar die unerläßliche Korrektur der vormals geäußer-
ten, mit Recht für unhaltbar angesehenen Vorstellung von der Struktur
kreativer Prozesse, sie läßt aber nach wie vor die Prämisse unangetastet,
daß es die Absicht eines jeden Erzählers sei, einen dem Leben vergleichbaren
vollständigen Begebniszusammenhang zu fingieren.

---

[23] Müller, Erzählzeit und erzählte Zeit, a.a.O., S. 276.
[24] Müller, Das Zeitgerüst des Fortunatus-Volksbuchs, a.a.O., S. 575.
[25] Müller, Die Bedeutung der Zeit in der Erzählkunst, a.a.O., S. 256 . „lebt" im Text
gesperrt.
[26] Müller, Die Bedeutung der Zeit in der Erzählkunst, a.a.O., S. 263 f.
[27] Müller, Das Zeitgerüst des Fortunatus-Volksbuchs, a.a.O., S. 575. Hervorhebungen, R. B.

Gänzlich auf der Basis dieser Grundanschauung schreibt auch Lämmert: „Zwischen dem Anfangs- und dem Schlußpunkt einer *Geschichte spiegelt* die Ereigniskette einen *kontinuierlichen Zusammenhang* vor. Von diesem *Lebenszusammenhang* wird jedoch nur eine *ausgewählte Folge* von Ereignissen erzählend vergegenwärtigt"[28].

Damit wird ein ganz bestimmter Begriff von Geschichte zum Konstituens der Erzählung. Die Geschichte ist nicht bloß die Aufzählung und Kompilation irgendwelcher Ereignisse im Nacheinander, wie Lämmert gegen Forster einwendet[29], der unter dem Begriff der Geschichte die „Erzählung zeitlich aufeinanderfolgenden Begebenheiten"[30] versteht, sondern der *„Stoff* muß bereits einen irgendwie gearteten Ereignis- und Lebenszusammenhang enthalten, um Grundlage einer Erzählung werden zu können"[31]. Kontinuität und Artikulation dieses Lebenszusammenhanges werden erzähltechnisch fingiert durch Kohärenz der Handlung und Kontinuität des Handlungsablaufes in der Geschichte. Erst wenn diese Voraussetzungen erfüllt sind, kann Müller sinnvoll von dem „Leitfaden"[32] sprechen, der sich aus der Analyse von Erzählzeit und erzählter Zeit gewinnen läßt, der „‚Inhaltsangabe' also, die nicht nur das ‚Thema' angibt, sondern das, was davon nun ausdrücklich, wechselnd breit und knapp, erzählt wird"[33].

Es scheint uns nun deutlich zu werden, daß Müller sowohl als auch Lämmert den Begriff der Geschichte ausschließlich unter dem Aspekt ihres biomorphologisch-energetisch interpretierten Zeit- bzw. Sukzessionsbegriffes anwenden und unter Geschichte die „phasenhafte Entfaltung und Bewältigung"[34] eines kontinuierlichen und in sich schon artikulierten Lebensvorganges begreifen, den darzustellen ihrem Verständnis nach die Absicht eines jeden Erzählers sein müsse. Erzählte Zeit – oder strukturierte Sukzession – wird erst in Bezug auf den in der Geschichte fingierten raumzeitlichen Zusammenhang eines Lebensvorganges deutlich, so daß Lämmert bemerken kann: „Ist die Aufbautendenz eines Erzählkunstwerks auf die Zerlegung, Beschneidung, Färbung, Ausschmückung der darzubietenden Ereigniskette gerichtet, so wird der Betrachter des vorliegenden, fertigen Gebildes gerade im Vergleich mit der zugrundeliegenden *Geschichte* diese

---

[28] Lämmert, Bauformen, a.a.O., S. 26. Hervorhebungen, R. B.
[29] Vgl. Lämmert, Bauformen, a.a.O., S. 25.
[30] Forster, a.a.O., S. 35.
[31] Lämmert, Bauformen, a.a.O., S. 25.
[32] Müller, Le Père Goriot und Silas Marner, a.a.O., S. 554.
[33] Ebenda.
[34] Lämmert, Bauformen, a.a.O., S. 243.

Aufbaumittel am ehesten erkennen und bestimmen können"[35]. Daraus erhellt aber, daß die Geschichte nicht irgendein Konstruktions*faktor* unter anderen Faktoren ist, sondern daß das *Erzählen einer Geschichte* Konstruktions*prinzip* ist, das den Typus der zur Realisierung der Geschichte erforderlichen Konstruktionsfaktoren überhaupt erst bestimmt. Der energetisch interpretierte Zeit- und Sukzessionsbegriff im Sinne phasenhafter Entfaltung von Lebensvorgängen kann also nur zur Anschauung gelangen, wenn auch die erzählte Geschichte die phasenhafte Entfaltung eines solchen Lebenszusammenhanges fingiert.

Diese Vorstellungen Müllers und Lämmerts zum Begriff der Geschichte und ihres konstituierenden Elementes, der energisch wirkenden Zeit, finden ihre ontologische Begründung und Erklärung in dem Axiom, das Günther Müller seiner Theorie der Erzählung zugrundelegt und dessen entscheidender Satz lautet: „Alles Erzählen ist ein Erzählen *von* etwas, das *nicht* Erzählung ist, sondern Lebensvorgang"[36]. Lebensvorgänge aber stellen sich dem an Goethe orientierten Morphologen Müller als kontinuierliche Prozesse der „Bildung und Umbildung organischer Naturen"[37] dar; Bilden ist *die* Eigenschaft schlechthin des Lebendigen, sein Grund und Zweck[38]. Die Erzählung ahme zwar nicht die empirischen Naturgebilde nach, wohl aber das Bilden der Natur in seiner inneren Stimmigkeit und seiner Angemessenheit an die besondere Materie[39].

Diese Betrachtungsweise impliziert notwendig, daß auch das Erzählte, für das die sich bildende Gestalt ja dessen Realisierung bedeutet, seiner Struktur nach wie ein Organismus gebildet sein muß, d. h. einen wie auch immer im einzelnen gearteten Vorgang darstellen wird, dessen strukturbestimmendes Kriterium die ihn durchwaltende Energie wachstümlicher Prozesse ist. So heißt es denn auch bei Müller: „Das Nacheinander der Worte und Sätze bringt kein bloßes Hinzufügen von Begriffen, sondern wirkt im Ineinanderfügen von Bedeutungen ein *außerhalb der Sätze stattfindendes Werden* erscheinender Einheiten. Ein Teil wirkt auf alle, alle wirken auf jeden,

---

[35] Lämmert, Bauformen, a.a.O., S. 24. Hervorhebung dort kursiv.
[36] Müller, Die Bedeutung der Zeit in der Erzählkunst, a.a.O., S. 261. Hervorhebung dort gesperrt.
[37] Goethe, a.a.O., Bd. 39, S. 7. Vgl. auch Müller, Gestaltung – Umgestaltung, a.a.O., S. 419.
[38] Vgl. Müller, Gestaltung – Umgestaltung, a.a.O., S. 428. Hervorhebung im Text in Anführungszeichen.
[39] Vgl. Müller, Goethes Morphologie, a.a.O., S. 291.

und in diesem ausgewogenen Wechselspiel der Kräfte wächst von Metamorphose zu Metamorphose eine Gestalt heran"[40].

So wird bei Müller aus der Vorstellung von der organismushaften Wachstümlichkeit des Lebensvorganges im erzähltheoretischen Kontext die Prämisse, daß auch die erzählten Begebnisse sich zur Fiktion eines kontinuierlichen, artikulierten lebensvorgangähnlichen Zusammenhanges fügen müssen, eben zu einer Geschichte, die diesen Zusammenhang fingiert. Das im Prinzip kaum anfechtbare Axiom Müllers, wonach Erzählung sich auf etwas beziehe, was nicht Erzählung sei, ist also mit dem Präjudiz eines ontologischen Vorverständnisses belastet, das alle erzähltheoretischen Folgerungen von den Prämissen dieses Vorverständnisses abhängig macht.

Man halte Heißenbüttels von demselben Ansatz ausgehende These dagegen: „Die Theorie der Erzählung besteht darin, daß Erzählung sich immer auf etwas bezieht, das außerhalb ihrer Sprache liegt. Dies, was außerhalb ihrer Sprache liegt, besteht in den verschiedenen Weisen, in der Menschen sich zueinander verhalten, verschieden nach der Jahreszahl, in der sie leben, und nach der Topographie, in die ihr Zusammenleben sich einordnet"[41]. Es macht für die Theoriebildung und die Methoden zur Erforschung des Gegenstandes einen bedeutenden Unterschied, ob man das außerhalb der Erzählung Liegende von vornherein unter dem Aspekt einer an Goethes Naturbegriff orientierten Vorstellung von Lebensvorgängen sieht, oder ob man die Struktureigentümlichkeiten des außerhalb Liegenden in den Ansatz der erzähltheoretischen Überlegungen zunächst als *Leerstelle* einsetzt, die dann jeweils unter historischem Aspekt bei der Analyse von Erzählwerken neu zu besetzen wäre und somit jede ontologische Prämisse wie auch den Anspruch vermeidet, allzeit gültige Gesetzlichkeiten für Wesen und Formen der Erzählkunst zu formulieren.

Nach diesem Rekurs wenden wir uns jetzt wieder den Texten Arno Schmidts zu und wollen anhand der Analyse der Erzählung AUS DEM LEBEN EINES FAUNS die Funktion der Geschichte sowohl als auch der Zeit für den Aufbau des Erzählwerks bei Schmidt untersuchen.

---

[40] Müller, Morphologische Poetik, a.a.O., S. 237.
[41] Heißenbüttel, Frankfurter Vorlesungen, a.a.O., S. 180.

B) DER FUNKTIONSVERLUST DER ANALYSE VON ERZÄHLZEIT UND ERZÄHLTER ZEIT

I. *Der Funktionsverlust der Geschichte*

Die Prämisse Arno Schmidts, die den formalen Aufbau seiner Erzählungen begründet, heißt: die musivische Struktur sowohl der Prozesse des Erinnerns als auch des Gegenwartsempfindens ist „eine der *anhaftenden Eigentümlichkeiten* unserer *Gehirnstruktur* – also durchaus etwas *Organisches*, und gar nichts Künstliches"[1]! „Eben dafür, daß unser Gedächtnis, ein mitleidiges Sieb, so Vieles durchfallen läßt, ist meine Prosa der sparsamreinliche Ausdruck"[2].

Das besagt: Diskontinuität und Partikularität der Bewußtseinsvorgänge indizieren in den Erzählungen Schmidts nicht die individuelle Bewußtseinskrise eines Helden, sondern sind der objektive Ausdruck für hirnphysiologisch bedingte Apperzeptions- und Behaltensvorgänge. Schmidts Absicht ist nicht, wie Heißenbüttel zutreffend bemerkt hat, „einen inneren Monolog oder einen Bewußtseinsstrom darzustellen"[3]; das Bewußtsein seiner Ich-Erzähler-Figuren wird keiner psychologischen Analyse unterzogen – „der psychologischen Pünktchenmuster und anderen intimkleinen textilen Varianten werden wir immer genug besitzen"[4] – sondern er sucht für seine Erzählung die „höhere Objektivität"[5] und findet sie in der „Rückführung des Berichts auf die *Spiegelung der Welt* in der *Vorstellung* seines Helden"[6], wobei die Struktur des Spiegelungsprozesses zum methodischen Kriterium der Erzählweise wird. Wenn solchermaßen Diskontinuität und Partikularität als natürliche Modalitäten der Realitätserfahrung gelten, dann beklagt auch nicht der Satz „Mein Leben?!: ist kein Kontinuum"[7]! Verlust an Identität, sondern konstatiert ein Faktum: daß nämlich das Kontinuum der

---

[1] Schmidt, Berechnungen I, a.a.O., S. 285 f. Hervorhebungen, R. B.
[2] Schmidt, Berechnungen I, a.a.O., S. 291.
[3] Heißenbüttel, Annäherung an Arno Schmidt, a.a.O., S. 62.
[4] Schmidt, Berechnungen I, a.a.O., S. 290.
[5] Heißenbüttel, Annäherung an Arno Schmidt, a.a.O., S. 62.
[6] Ebenda. Hervorhebungen, R. B.
[7] Schmidt, Faun, a.a.O., S. 7, Nr. 4.

Zeit ein Konstruktum ist, nicht erlebbar, ein Substrat, das dem erlebten Phänomen der Diskontinuität und Partikularität zwar als zugrundeliegend gedacht wird, aber dem Bewußtsein nicht als kontinuierlich erlebtes Dasein erscheint. Ein Erzähler wie Heinrich Düring in AUS DEM LEBEN EINES FAUNS, der den Begriff der Ich-Identität nur denken kann als ein rollen-pluralistisches Konglomerat von Ich-Aspekten

„(...) Denn auch am Tage ist bei mir der ein Anderer, der zur Bahn geht; im Amt sitzt; büchert; durch Haine stelzt; begattet; schwatzt; schreibt; Tausendsden-ker; auseinanderfallender Fächer; der rennt; raucht; kotet; radiohört; ,Herr Land-rat' sagt: that's me! (...)“[8]

rettet zwar, indem er die Partikularisierung des Ich als gegeben akzeptiert, sein Identitätsbewußtsein, ist aber außerstande, die unter den verschieden-sten Aspekten seines Ich-Bewußtseins erlebten Ereignisse und Gedanken auf den Nenner der „früher beliebten Fiktion (einer) ,fortlaufenden Hand-lung'“[9] zu bringen, das heißt: die Augenblicke seines Lebens unter dem Begriff der Geschichte eines Lebens zu subsumieren.

Wenn also Schmidt davon ausgeht, daß es den epischen Fluß der Ereig-nisse nicht gibt[10] und das Kontinuum der Zeit sowie der kontinuierlich arti-kulierte Lebenszusammenhang ein Konstruktum sind, Leben hingegen viel-mehr als ein „Tablett voll glitzernder snapshots“[11] erlebt wird, dann kann das Schmidtsche Erzählen unmöglich auf der Fiktion einer Geschichte auf-bauen, zwischen deren Anfangs- und Schlußpunkt die Ereigniskette nach Lämmert einen vollständigen Lebenszusammenhang fingiert. Im Gegenteil, solche Vorstellung ist strukturunangemessen im Hinblick auf eine Erzähl-absicht, der es darum geht, sowohl thematisch als auch formal, Reihen beschädigter Tagesmosaiken darzustellen. So ist denn auch nicht möglich, aus Schmidts Erzählwerken den Leitfaden einer das Erzählthema implizie-renden Inhaltsangabe zu gewinnen, in welchem Verfahren Müller und Lämmert das methodische Kriterium der Analyse von Erzählzeit und erzählter Zeit erkennen, weil dies Verfahren den Typus eines Erzählvor-gangs voraussetzt, der sich als „Bewältigung der Geschichte“[12] darstellt. Das sei verdeutlicht.

---

[8] Schmidt, Faun, a.a.O., S. 7, Nr. 4.
[9] Schmidt, Berechnungen I, a.a.O., S. 291.
[10] Vgl. Schmidt, Berechnungen I, a.a.O., S. 290.
[11] Schmidt, Faun, a.a.O., S. 7, Nr. 4.
[12] Lämmert, Bauformen, a.a.O., S. 32.

Wenn Müller die Zeitstruktur beispielsweise des Balzac Romans LE PÈRE GORIOT untersucht[13], dann nimmt sich das wie folgt aus:

„(...)

5 Seiten   *1. Tag:* (Ende November 1819): Rastignacs nächtliche Beobachtungen.

18 Seiten   *2. Tag* (...): Es kommt im Pensionsgetriebe heraus, daß Goriot bei dem Wucherer Gobseck einen Schuldschein für die Gräfin Restaud eingelöst hat. Beim redensartlichen Gewitzel am Abendtisch betrachtet Goriot die von ihrem Vater wieder zurückgewiesene Victorine.

34 Seiten   *3. Tag* (...): Rastignacs fehlschlagender Besuch im Hause Restaud, wo er Goriot bei der Gräfin entdeckt und auf der Lieferantentreppe fortgehen sieht, und sein erfolgreicher Besuch bei der Gräfin Beauséant, wo er Näheres über Goriot und seine Töchter erfährt und auf die jüngere, Baronin Nucingen, hingewiesen wird. In der Pension seine Annäherung an Goriot und seine Briefe um Geld an Mutter (...) und Schwestern.

4 Zeilen   *4. Tag* (...): Rastignac bringt die Briefe zur Post.

(...)"[14].

Das Verfahren ist deutlich: die „Inhaltsangabe"[15] der im Erzählvorgang bewältigten Geschichte „unterrichtet vereinfachend über den Weg, den die Erzählung geht, und über das, was sie im wechselnden Zeitmaß ihres Ganges auf diesem Weg zu sehen bekommt und zu sehen gibt"[16], der so gewonnene „Leitfaden"[17] erlaubt, „den Erzählverlauf gleichsam mit *einem* Blick zu überschauen"[18].

Die Methode ist für LE PÈRE GORIOT sachlich gerechtfertigt, weil dort die Entfaltung der Geschichte zugleich als Ausfaltung der Erzählabsicht d. h. des Erzählthemas fungiert, so daß selbst die von Müller auf den reinen Geschehensbericht reduzierte Darstellung Absicht und Thema noch einschließt. Erzählt man aber nach diesem Verfahren, knapp wie Müller, Schmidts Erzählungen nach, so stellt sich zwar heraus, daß auch ihnen eine Art Geschichte zugrundeliegt, diese jedoch keine der ihr von Müller und Lämmert zugesprochenen Funktionen mehr erfüllt. Das sei exemplarisch an der Erzählung AUS DEM LEBEN EINES FAUNS aufgewiesen.

---

[13] Vgl. Müller, Le Père Goriot und Silas Marner, a.a.O.

[14] Müller, Le Père Goriot und Silas Marner, a.a.O., S. 547.

[15] Müller, Le Père Goriot und Silas Marner, a.a.O., S. 554.

[16] Ebenda.

[17] Ebenda.

[18] Ebenda.

Düring erkennt, daß er und seine Hütte gemeint sind und beschließt, die Hütte abzubrennen. Abends Kinobesuch mit seiner Frau. Nachts Bombenangriff auf die Munitionsfabrik Eibia; Düring mit Käthe Evers, die auf Urlaub vom Nachrichtenhelferdienst aus Frankreich zu Haus ist, im Kampfgebiet. Später mit Käthe in der Hütte.

1,5 2. *Tag:* Am Morgen nach dem Bombenangriff und einer letzten Nacht mit Käthe zündet Düring die Hütte an.

Wir sehen vorerst von der Diskussion der sichtbar gewordenen Verhältnisse Erzählzeit und erzählte Zeit ab und stellen zunächst grundsätzlich fest, daß Schmidt, wie die Möglichkeit der vorgelegten Darstellung beweist, die Geschichte nicht prinzipiell zerstört. Auch aus seinen anderen Erzählwerken lassen sich Geschichten herauslösen und nacherzählen, wie schon für den ersten Teil des Romans DAS STEINERNE HERZ mit dem Hinweis auf die Jagd Eggers' nach den hannoverschen Staatshandbüchern belegt worden ist[19].

Wenn nun einerseits diese Nacherzählungen beweisen, daß Schmidt zwar die Kategorie der Geschichte nicht destruiert, so ist jedoch andererseits aufgrund der bisher vorgelegten Analysenergebnisse ebenso deutlich, daß die Geschichte nicht „das eigentliche Formelement"[20] des Schmidtschen Erzählens ist. Weder impliziert und entfaltet sie Erzählabsicht und Thema, noch bestimmt sie den strukturellen Aufbau der Erzählung. Die Geschichte steht

[19] Um jedoch nicht den Eindruck zu erwecken, als reduzierten wir die Geschichten des *Faun* und *Steinernen Herzen* bewußt auf ihr atavistisches Gerüst, zitieren wir hier die Geschichte für *Das Steinerne Herz* aus dem Aufsatz Schauders über „Arno Schmidts experimentelle Prosa", die freilich dort nicht nach Tagen nacherzählt wird:
„Herr Eggers, ein vagabundierender Landmesser, vermutet in dem Dörfchen Ahlden in der Lüneburger Heide eine größere Sammlung von hannoverschen Staatshandbüchern, denen sein leidenschaftliches Interesse gilt. Kurzerhand mietet er sich bei einem Fernfahrer ein, weil dessen Frau die Enkelin eines verstorbenen hannoverschen Heimatforschers ist. Karl und Frieda leben in einer langweiligen und gescheiterten Ehe. Es ist deshalb dem Geometer ein leichtes, die üppige und ein wenig vernachlässigte Hausfrau zu verführen und ihr die großväterliche Bibliothek abzuhandeln. Da ihm aber noch ein Band aus dem Jahre 1859 fehlt, fährt er mit Karl nach Berlin, wo er sich in der Ostberliner Staatsbibliothek diesen Folianten ergaunert. Der Fernlastfahrer unterhält in der geteilten Stadt eine Art Nebenfrau, ein schmales Flüchtlingsmädchen aus Schlesien mit Namen Line. Nachdem Walter den letzten Band der Staatshandbücher an sich gebracht hat, kehrt er mit Karl und Line in das Heidedorf zurück. Dort leben die vier als zwei neue Paare in ländlicher Idylle zusammen. Damit auch für ihr Auskommen gesorgt ist, entdeckt Walter einen im Deckengebälk des Hauses verborgenen Goldschatz, für den sich bald zahlungskräftige Käufer finden" (Schauder, a.a.O., S. 47).
Eine glückliche Schatzgräbergeschichte, resümiert Schauder (vgl. S. 47), und wir können für den *Faun* hinzufügen: eine Robinsonade, eine Liebesgeschichte.
[20] Koskimies, a.a.O., S. 170.

in den Schmidtschen Erzählungen, wie Heißenbüttel sagt, nicht „im Brennpunkt des Interesses und der Konzentration"[21]. Sie gilt Schmidt als etwas „Überliefertes"[22]; ihre handlungsmäßigen und personalen Konstellationen fungieren als „Grundlage, um ein plausibles Histörchen darauf zu bauen"[23]. Aber ihre Beispielhaftigkeit und Aussagekraft haben sich entleert[24]. Was bleibt, sind beiläufig anmutende Handlungsgerüste, vom eigentlichen Erzählanliegen so überlagert, daß sie oft kaum mehr wahrgenommen werden, wie für den Handlungsvorgang der Adressensuche in dem Roman DAS STEINERNE HERZ aus der Analyse des Situationszusammenhanges „Adressensuche" erinnerlich ist. Verwirklicht sich also die Erzählabsicht nicht mehr im Erzählen einer Geschichte, so kann die Bewältigung der Geschichte im Erzählvorgang auch nicht mehr das *strukturbestimmende Prinzip* des Erzählens sein. Das heißt: die Geschichte regrediert vom Grundaspekt der Erzählung zum bloßen Konstruktions*faktor* unter anderen; zum belanglosesten aller in den Erzählwerken Schmidts.[25]

---

[21] Heißenbüttel, Annäherung an Arno Schmidt, a.a.O., S. 62.

[22] Ebenda.

[23] Schmidt, Faun, a.a.O., S. 49, Nr. 300.

[24] Vgl. Heißenbüttel, Annäherung an Arno Schmidt, a.a.O., S. 63.

[25] Das Phänomen des Funktionsverlustes der Geschichte ist lange bemerkt und diskutiert, wie ein Blick auf wenige Beispiele in der erzählenden und erzähltheoretischen Literatur zu belegen vermag.

Daß das Erleben, die Imagination und das Erzählen von Geschichten keine *allzeitige* Möglichkeit der Erfahrung und künstlerischen Produktion ist, konstatierte schon Gottfried Benn im PHÄNOTYP: „Mit welcher Wehmut denke ich oft der Seemänner, die ihr Garn spinnen in Grogstuben (. . .), frei erzählt, große Fahrten, weit zurückliegend und doch mit harten Konturen als hirnlicher Gegenstand vorhanden — lauter Perlen der Erinnerungen! Ich, von der Einfahrt in New York und dem Anlegen in Hoboken, erinnere mich nur noch der Mädchenhändlerin, wegen der die Polizei an Bord kam, sie allein leuchtet, wenn ich zurückblicke, aus dem Hafengewirr zu mir herüber. Über wieviel Auswahl leuchtet diese Dame, wieviel Verlust, wieviel Erlöschen wieder schweigsam gewordener Welten! Entweder ist das Erinnerungsvermögen nicht so bedeutungsvoll, wie es immer dargestellt wird, oder es hat Krankheiten, gewissermaßen Zahnlücken und Haarausfall, jedenfalls schafft es nicht in jedem eine Basis, einen Fonds, der so wichtig wäre, um in Schifferkreisen zu verkehren" (Benn, a.a.O., Bd. 5, S. 1342).

Zwanzig Jahre später heißt es bei Jürgen Becker in FELDER: „(. . .) und es bleibt also dabei mit den Versuchen festzustellen die gewesenen Augenblicke von jetzt (. . .) (Becker, a.a.O., S. 12).

„Da jeder Tag zerfällt in die Reste davon also was ist eigentlich jetzt" (Becker, a.a.O., S. 15);

„das Auflösen einer Einzelheit in bewegliche Partikel ist die Erfahrung an einem allgemeinen Vormittag" (Becker, a.a.O., S. 140).

„Erfahrung", heißt es bei Frisch, „ist ein Einfall, nicht ein Ergebnis aus Vorfällen" (zitiert nach Baumgart, Das Erzählen wird erzählt, a.a.O., S. 104); aussichtslos darum auch das Unternehmen GANTENBEINS: „Ein Mann hat eine Erfahrung gemacht, jetzt sucht er die Geschichte seiner Erfahrung" (Frisch, Gantenbein, a.a.O., S. 9). Daß Geschichten ein Leben eher verstellen als zur Sprache bringen, hat Frisch im STILLER erzählt, „der um sich ein Labyrinth von Anekdoten baut, in dem er selbst nicht gefunden werden möchte" (Baumgart, Das Erzählen wird erzählt, a.a.O., S. 104). Reinhard Baumgarts Frage lautet daher: „stellen Geschichten der Erfahrung heute noch taugliche Modelle? Oder: könnte auch erzählt werden, ohne daß sich das Erzählte zusammenfügt zu einer Geschichte" (Ebenda)? Denn zerfallen ist, wie Adorno sagt, „das in sich kontinuierliche und artikulierte Leben" (Adorno, a.a.O., S. 62), das der traditionelle Roman gleichsam wie auf einer „Guckkastenbühne" (Adorno, a.a.O., S. 67) darzustellen wußte. Seine „Technik war eine der Illusion. Der Erzähler lüftet einen Vorhang: der Leser soll Geschehenes mitvollziehen, als wäre er leibhaft zugegen" (Adorno, a.a.O., S. 67), und die Geschichte ist das Instrument, diese „illusionistischen Spiel- und Spiegelwelten" (Heißenbüttel, Eine Literatur von übermorgen, a.a.O., S. 121) zu fingieren, denn, so resümiert Baumgart, solange „sich die Romane noch als Widerspiegelung verstanden, war auch die Geschichte unbefragt gesichert. Damit sie lief, mußte jene mittlere Distanz zwischen Erzähler und Erzähltem eingerichtet werden, die von klassischen Realisten mit sicherem Instinkt eingehalten wurde. Diese halbe Nähe entsprach offenbar der bürgerlichen Interpretation des Individuums, das auch als ein Mittleres und Vermittelndes zwischen dem Kollektiv und dem bloßen Subjekt verstanden wurde, als der repräsentative bürgerliche einzelne, Werter oder Sorel, in dem seine Gesellschaft schon mit ausgedrückt sein sollte. Gegen Ende der Epoche, als diese Interpretation und damit der Romanheld fragwürdig wird, läßt sich auch das Erzählte nicht mehr in dieser mittleren Nähe halten, bei Joyce nicht und nicht bei Dos Passos oder Virginia Woolf, und in dem gleichen Prozeß beginnen sich auch die Geschichten zu zersetzen. Die Zuständlichkeit unendlich kleiner Momente und die Entdeckung rein subjektiver Innenräume löst sie ebenso auf wie die Großstadt- und Kameraoptik in Manhattan Transfer" (Baumgart, Das Erzählen wird erzählt, a.a.O., S. 105). Wobei freilich die Erzählung von der immer differenzierteren Motivation und Phänomenologie des Subjekts, wie Heißenbüttel bemerkt, sich letztlich doch noch einmal als Umkehrung der Geschichte ins phänomenologische Welttheater erweist und damit nur, wie bei Joyce und Proust, einen letzten abschließenden und noch einmal konstituierenden Schritt darstellt (vgl. Heißenbüttel, Annäherung an Arno Schmidt, a.a.O., S. 63). „Denn der Salzburger Schnürlregen der Assoziationen bei James Joyce, die im Essayismus erstickende fadendünne Handlung bei Musil und die geradezu gewaltige Dynamik der Langeweile bei Marcel Proust: sie alle drei" — sagt Heimito von Doderer — „stellen Spätformen dar, Konsequenzen, in die der Roman des neunzehnten Jahrhunderts — zu welchem also jene drei Autoren durchaus noch gehören — einmal münden mußte" (Doderer, Grundlagen, a.a.O., S. 36). Am Ende dieser Entwicklung angelangt, beweisen die Ich-Erzählerfiguren der Romane Becketts, was sich nicht mehr fortsetzen läßt: „die Geschichte als Leistung eines individuellen Bewußtseins, das aus eigener Imagination stellvertretende Welt, also Figuren, Handlung und ‚Moral' entwirft" (Baumgart, Aussichten des Romans, a.a.O., S. 60).

Bei Übereinsicht der hier skizzierten Positionen und angesichts der Tatsache, daß immer noch erzählt wird, erscheint Baumgarts Fazit berechtigt: „Nicht das Erzählen scheint in eine Krise geraten, nur die Geschichte, die ja lediglich ein Spezialfall, ein historisches Modell des Erzählens ist" (Baumgart, Das Erzählen wird erzählt, a.a.O., S. 105).

„Sie reicht nicht mehr lange, diese Geschichte", sagt Hamm in Becketts ENDSPIEL am Ende seiner langen, das Erzählen von Geschichten ad absurdum führenden Geschichte: „Es sei denn, ich führte andere Personen ein. Wo soll ich sie aber finden? Wo soll ich sie suchen" (Beckett, Endspiel, a.a.O., S. 89. Regieanmerkungen wurden ausgelassen, R. B.)?

Angesichts dieses Funktionsverlustes der Geschichte muß sich nun eine Methode der Strukturanalyse, die Erzählstrukturen unter dem Aspekt der zeitlich-phasenhaften Gliederung der im Erzählvorgang bewältigten Geschichte erhellen will, als strukturunangemessen erweisen. Die Methode setzt die Geschichte als eine relevante Funktion der Erzählabsicht voraus. Ihre Funktionsfähigkeit beruht darauf, die im Erzählvorgang mit Hilfe von szenischer Darstellung, Dialog, Bericht, Beschreibung etc. entfaltete Geschichte wieder auf das „Knochengerüst"[26] des Berichtes zu reduzieren, um so – im Vergleich mit der Erzählzeit – die phasenhafte Großgliederung des Werkes sichtbar werden zu lassen. Der Aufweis solcher Gliederungen ist aber nur sinnvoll, wenn damit etwas über die werkspezifische Struktur der Erzählung ausgesagt wird, d. h. die Methode ist strukturgerecht, solange sie die von der Entfaltung der Geschichte bestimmten Aufbautendenzen des Erzählwerks verdeutlicht. Wo aber die Geschichte nicht mehr das konstruktionsbestimmende Prinzip ist, muß auch die Methode versagen. Die auf die Inhaltsangabe reduzierte Darstellung der im Erzählvorgang bewältigten Geschichte spiegelt bei Schmidt Kohärenz- und Kontinuitätsstrukturen vor, die es in seinen Erzählwerken nicht gibt und die den Blick auf die abbreviatorische Struktur der Erzählungen verstellen.

Solche Fingierung von kontinuierlichen Zusammenhängen und Abläufen resultiert allein schon aus der der Methode eigenen Verfahrensweise: der Reduktion des Erzählten auf die Konturen des Berichtes. Berichte intendieren die Integration des Heterogenen und Diskontinuierlichen in begründbare und kontinuierlich darstellbare Zusammenhänge. Darin korrespondiert die Methode der berichtenden Darstellung mit der jeder Geschichte impliziten Möglichkeit, sie als Bericht zu rezipieren. Für die Erzählungen Arno Schmidts aber bedeutet dies Verfahren angesichts der Irrelevanz der Geschichte für deren Aufbau und Aussage die Überbetonung der Geschichte und daraus resultierend eine verfälschende Darstellung der Erzählstruktur.

Diese Feststellungen haben Konsequenzen. Erinnern wir uns: die Theorie von der Erzählzeit und erzählten Zeit und die Funktionsfähigkeit ihres methodisch-analytischen Instrumentariums beruhen auf der Prämisse, daß das „Verhältnis von erzählter Wirklichkeit und sprachlicher Wiedergabe"[27] sich als ein durch „Andeutung und Auswahl"[28] bestimmter Umbildungs-

---

[26] Petsch, a.a.O., S. 333.
[27] Lämmert, Bauformen, a.a.O., S. 23.
[28] Ebenda.

prozeß der Geschichte in das fertige Gebilde des Erzählwerks darstellt. „Mit seiner Auswahl aus dem unbegrenzten Ganzen, das ihm real oder fiktiv zur Verfügung steht, erstellt er (der Dichter, R. B.) ein begrenztes Ganzes, getreu dem Gesetz, daß alles Bilden und insbesondere das Bilden von Menschenhand ein Weglassen sei"[29].

Anschaulicher, aber unter dem Vorzeichen kritischer Auseinandersetzung mit ein „paar veraltete(n) Begriffe(n)"[30] der Romantheorie, hat Robbe-Grillet diese die Struktur des traditionellen Romans bestimmende Prämisse beschrieben:

„(...) vom Romancier, wenn dieser eine vollständige Illusion wünscht, (wird man) immer annehmen, daß er mehr weiß als er sagt. Der Begriff des ‚Ausschnitts aus dem Leben' zeigt genau, welche Kenntnisse man ihm über das, was sich vorher und nachher ereignet hat, zuschreibt. Selbst innerhalb der Zeitdauer, die er beschreibt, muß er den Eindruck erwecken, daß er hier nur das Wichtigste angibt und daß er, falls der Leser es fordern sollte, in der Lage wäre, noch wesentlich mehr zu erzählen. Der Romanstoff muß nach dem Vorbild der Wirklichkeit unerschöpflich erscheinen. / Ähnlich spontan, unbegrenzt, in einem Wort: ‚natürlich' muß die erzählte Geschichte sein"[31].

In dem Zitat sind noch einmal alle Voraussetzungen versammelt, auf die eine strukturrelevante Analyse von Erzählzeit und erzählter Zeit angewiesen ist:

a) Lebensvorgang: = Integration aller Lebensereignisse in einen kontinuierlichen, artikulierten, phasenartig sich entfaltenden Zusammenhang.

b) Geschichte: fingiert die Illusion eines lebensvorgangähnlichen Zusammenhanges; strukturbestimmende Kriterien: Kohärenz und Kontinuität der von einer Strebekraft durchwirkten Handlung oder Ereigniskette.

c) Strebekraft = Zeit im energetischen Sinne; finale Tendenz der Zeit; der Zusammenhang aller Ereignisse wird gewährleistet durch Bezug auf die Kontinuität dieser Tendenz.

d) Implikation des Erzählthemas in die Geschichte, so daß deren Entfaltung Verwirklichung der Erzählabsicht bedeutet.

e) Umbildung der Geschichte in die Struktur des Erzählten vollzieht sich gemäß den allgemeinen Prinzipien der Andeutung und des Auslassens,

---

[29] Lämmert, Bauformen, a.a.O., S. 22.
[30] Robbe-Grillet, Über ein paar veraltete Begriffe, a.a.O., S. 25.
[31] Robbe-Grillet, Über ein paar veraltete Begriffe, a.a.O., S. 32.

wobei das Geraffte in den erzählten Partien der Geschichte aufgehoben und so dafür gesorgt ist, daß die Ereigniskette einen kontinuierlichen Lebenszusammenhang fingiert[32].

Wir wollen nun nachweisen, daß dem Funktionsverlust der Geschichte für den Aufbau der Erzählung der Funktionsverlust der unter dem Aspekt von Erzählzeit und erzählter Zeit entwickelten analytisch-methodischen Fragemöglichkeiten korrespondiert. Das soll vor allem an der Widerlegung der zentralen These der Theorie verdeutlicht werden, die besagt, daß „einhelliger als an jedem anderen Erzählphänomen (...) gerade an der Doppelheit von erzähltem Vorgang und Erzählvorgang jenes Prinzip der Andeutung und Auswahl positiv greifbar"[33] werde.

Unterstreichen wir noch einmal: Müller und Lämmert beziehen das Prinzip von Andeutung und Auswahl auf den erzählten Vorgang, d. h. auf die Geschichte. Sie halten den Auswahlprozeß für nachvollziehbar, weil das nicht Ausgewählte implizit dem Ausgewählten gedacht wird, und erkennen in dem auswählenden Umbildungsprozeß des Erzählvorgangs das strukturbestimmende Prinzip des Erzählens: „Eben dies Verweilen, Raffen und Weglassen des Erzählers verleiht nicht nur bestimmten Stadien des Geschehens einen besonderen Akzent, sondern läßt den gesamten erzählten Stoff als etwas *Neugestaltetes* aus der Monotonie der bloßen Sukzession heraustreten"[34]. Das Prinzip der Auswahl ist aber als strukturbestimmend überhaupt nur erkennbar, weil auch das nicht Ausgewählte eine vorstellungsmäßig nachvollziehbare Komponente der Geschichte bleibt, so daß der Betrachter des vorliegenden fertigen Gebildes gerade im Vergleich mit der zugrundeliegenden Geschichte die Aufbaumittel der Erzählstruktur am ehesten erkennen und bestimmen kann[35]. Raffung, Aussparung, Andeutung, Auswahl: das alles sind Strukturkriterien, die auf das werkimmanente Bezugssystem der Geschichte bezogen sind. Wir werden aber bestätigt finden, daß es ein solch relevantes werkimmanentes Bezugssystem, an dem sich die Bedeutung des Ausgewählten bemessen läßt und vor dessen Hintergrund das *nicht* Ausgewählte vorstellbar bleibt, in

---

[32] Die vielerorts demonstrierte Möglichkeit graphischer Darstellung von Zeitgerüsten ist sinnvoll erst auf der Basis dieser Prämissen möglich, insofern als sich die graphischen Details alle auf die *Grundlinie* der Geschichte beziehen, um so deren unterschiedlich proportionale Realisierung kenntlich zu machen.

[33] Lämmert, Bauformen, a.a.O., S. 23.

[34] Ebenda, Hervorhebung im Text kursiv.

[35] Vgl. Lämmert, Bauformen, a.a.O., S. 24

den Erzählungen Arno Schmidts wegen des Funktionsverlustes der Geschichte nicht mehr gibt und daß die Erzählung kein anderes erkennbares Bezugssystem, im Hinblick auf welches Auswahlkriterien sichtbar werden könnten, anbietet.

II. *Die raumkonstituierende Funktion der Erzählstruktur in*

AUS DEM LEBEN EINES FAUNS

Wenn, wie wir gesehen haben, der Leitfaden der unter dem Aspekt ihrer zeitlichen Gliederung nacherzählten Geschichte kein strukturgerechtes Bild vom Aufbau der Erzählung zu vermitteln mag, dann wird man nach strukturrelevanten Methoden der Forschung und der Darstellung ihrer Ergebnisse suchen müssen, um den Aufriß der Struktur Schmidtscher Erzählungen sichtbar zu machen. Solche Methoden haben sich uns in der Möglichkeit ergeben, den Erzählvorgang unter dem Gesichtspunkt seiner nach Einzelsituationen und Situationszusammenhängen organisierten Abfolge darzustellen.

Das Konstruktionsprinzip der musivischen Kombination von Situationsindikatoren zu Einzelsituationen, jener zu Situationszusammenhängen und dieser wiederum zu Komplexen von Situationszusammenhängen gleicher Grundsituation bestimmt auch die Erzählstruktur der Erzählung AUS DEM LEBEN EINES FAUNS.

Der analytische Prozeß zum Nachweis dieser Feststellung soll jedoch nicht mehr vorgeführt werden. Wir setzen mit der Darstellung des Resultats ein, indem wir zusammenfassend für die ganze Erzählung den nach Einzelsituationen und Situationszusammenhängen organisierten Aufbau des Erzählvorgangs tabellarisch veranschaulichen. Die Möglichkeit solcher Darstellung setzt das Vorhandensein und die Funktionen der am ersten Text nachgewiesenen Konstruktionsfaktoren und -verfahren auch für diese Erzählung voraus. So fungiert also die tabellarische Übersicht methodisch als verkürzter Nachweis für die Anwendbarkeit der bisher aufgedeckten Bauformen auch zur Beschreibung der Erzählstruktur dieses Textes. Über diese beiläufige Rekapitulation und Absicherung unserer Ergebnisse hinaus bildet sie jedoch zugleich Basis und Ausgangspunkt für die weiterführende Untersuchung.

AUS DEM LEBEN EINES FAUNS

Teil I: Februar 1939

1. Tag:	1– 46	46 Einzelsituationen	6	Seiten
2. Tag:	47– 92	46 Einzelsituationen	5,75	Seiten
3. Tag:	93–136	44 Einzelsituationen	6,25	Seiten
4. Tag:	137–193	57 Einzelsituationen	11	Seiten

Teil II: Mai/August 1939

1. Tag:	194–234	41 Einzelsituationen	4,5	Seiten
2. Tag:	235–279	45 Einzelsituationen	6	Seiten
3. Tag:	280–310	31 Einzelsituationen	5	Seiten
4. Tag:	311–346	36 Einzelsituationen	7,5	Seiten
5. Tag:	347–378	32 Einzelsituationen	3,5	Seiten
6. Tag:	379–388	10 Einzelsituationen	2,5	Seiten
7. Tag:	389–402	14 Einzelsituationen	3	Seiten

Teil III: August/September 1944

1. Tag:	403–537	135 Einzelsituationen	21	Seiten
2. Tag:	538–555	18 Einzelsituationen	1,5	Seiten

*Schematischer Aufriß der Situationszusammenhänge
(Grundsituationen):*

Teil I: Februar 1939

1. Tag	*Nr.*	*Seite*
(1) Auf dem Weg zum Bahnhof	1– 7	7
(2) Bahnfahrt nach Fallingbostel[36]	8– 15	8
(3) Im Landratsamt (morgens)	16– 26	8–10
(4) Mittagspause	27– 31	10
(5) Im Landratsamt (nachmittags)	32– 34	10–11
(6) Heimweg	35– 38	11
(7) Zu Hause	39– 46	11–12

2. Tag		
(1) Auf dem Weg zum Bahnhof	47– 51	13
(2) Bahnfahrt nach Fallingbostel	52– 58	13–14
(3) Im Landratsamt (Sonnabendmorgen)	59– 71	14–16

[36] Darunter fallen auch die wenigen Situationen „Bahnhof Fallingbostel" und „Weg bis zum Landratsamt".

(4) Heimweg	72– 76	16
(5) Zu Hause	77– 92	16–18

3. Tag

(1) Zu Hause (Sonntagvormittag)	93–120	18–23
(2) Zu Hause (Sonntagnachmittag)	121–129	23–24
(3) Zu Hause (Sonntagabend)	130–136	24–25

4. Tag

(1) Bahnfahrt nach Fallingbostel	137–142	25
(2) Im Landratsamt (morgens)	143–154	25–29
(3) Mittagspause	155–160	29
(4) Im Landratsamt (nachmittags)	161	30
(5) Weg zum Landrat	162–163	30
(6) Beim Landrat	164–184	30–33
(7) Heimweg	185–188	33
(8) Zu Hause	189–193	33–35

Teil II: Mai/August 1939

1. Tag

(1) Fahrt nach Rethem z. Aktenstudium	194–198	36
(2) Aktenstudium	199–219	36–39
(3) Mittagspause	220	39
(4) Aktenstudium	221–224	39
(5) Heimweg	225–229	39
(6) Zu Hause	230–234	39–40

2. Tag

(1) Im Landratsamt (morgens)	235–239	40–41
(2) Fahrt nach Rethem z. Aktenstudium	240–241	41
(3) Aktenstudium	242–258	41–43
(4) Mittagspause	259–263	43–44
(5) Aktenstudium	264–266	44
(6) Fahrt zum Baden	267–271	44–45
(7) Baden	272–274	45
(8) Zu Hause	275–279	45–46

3. Tag

(1) Bahnfahrt nach Fallingbostel	280–281	46
(2) Im Landratsamt (morgens)	282–283	46–47

(8) Zu Hause (nachmittags)	445–463	74–78
(9) Zu Hause (abends)	464–474	78–80
(10) Bombardierung der Eibia	475–514	80–85
(11) In der Hütte	515–537	85–88

2. Tag

(1) Abschied von der Hütte	538–555	88–90

Situationszusammenhänge gleicher Grundsituation:

1. Zu Hause	16
2. Im Landratsamt	10
3. Heimweg	9
4. Mittagspause	7
5. Bahnfahrt nach Fallingbostel	5
6. Aktenstudium	5
7. Auf dem Weg zum Bahnhof	3
8. Fahrt zum Aktenstudium	3
9. Pfarramt Kirchboitzen	2
10. Weg zum Landrat	1
11. Beim Landrat	1
12. Fahrt zum Baden	1
13. Baden	1
14. Fahrt nach Hamburg	1
15. Besorgungen in Hamburg	1
16. Kunsthalle Hamburg	1
17. Am Waldrand mit Käthe	1
18. In der Hütte	1
19. Abschied von der Hütte	1
20. Bombardierung der Eibia	1
21. Hamsterkäufe	1
	72

Wertet man diese tabellarischen Darstellungen aus, so ist zunächst allgemein folgendes festzustellen:

1. Alle Einzelsituationen werden zu Situationszusammenhängen gruppiert[37].

---

[37] Die Einzelsituationen Nr. 161, 220, 307, 323, 378, 383, 378 und 388 fungieren im Kontext als Situationszusammenhänge.

2. In 9 Fällen bilden Situationszusammenhänge einen Komplex von Situationszusammenhängen gleicher Grundsituation, so daß 60 der 72 Situationszusammenhänge Wiederholungen gleicher Grundsituationen sind.

3. Der Situationsraum der Erzählung ist die Region der „Lüneburger Zentralheide"[38]; Namen wie Fallingbostel, Visselhövede, Kirchboitzen, Rethem, Hünzingen, Cordingen, Walsrode markieren in etwa die Grenzen dieses Bereiches. Sieht man von der einmaligen Reise nach Hamburg und dem halbtägigen Aufenthalt dort ab, bleibt dies der den ganzen Roman bestimmende Situationsraum. (Die Hamburg-Episode beansprucht 36 der 555 Einzelsituationen.)

4. Die Erzählzeit beträgt 84 Seiten oder 555 Einzelsituationen; die erzählte Zeit umfaßt 5 Jahre, 8 Monate und reicht vom Februar 1939 bis zum September 1944. Aus dieser Zeit werden 13 Einzeltage erzählt: 4 Februartage des Jahres 1939 im Teil I; 7 Tage zwischen Mai und August 1939 im Teil II; je 1 August- und Septembertag des Jahres 1944 im Teil III.

5. Die Differenz der Anzahl von Einzelsituationen bzw. Seitenzahlen, bezogen auf die einzelnen Tage, könnte als Beleg für die Funktionsfähigkeit der Analyse von Erzählzeit und erzählter Zeit aufgefaßt werden, insofern sie ja doch unabweisbar auf bestimmte Akzentuierungen aufmerksam macht. Wir dürfen schon jetzt aufgrund der vorliegenden Ergebnisse und im Vorgriff auf deren differenziertere Bestätigung sagen, daß solche Seitenzahlenunterschiede bei Schmidt weder verweilendes noch raffendes Erzählen indizieren. Verweilen und Raffen sind in das Belieben des Erzählers gestellt, der bestimmte Ereignisse im Zeitfluß des Geschehens für eindringlicherer Darstellung wert erachtet als andere. In jedem Fall setzt solche Entscheidung die horizontale Dimension eines handlungsmäßigen Vorgangs voraus, auf die sich das verweilende oder raffende Erzählen beziehen kann, eben die Geschichte. Wir sind dabei nachzuweisen, daß der Rückbezug auf ein solches System in den Erzählungen Schmidts nicht möglich ist. Damit entfällt jede Möglichkeit, von gerafften oder verweilenden Partien zu sprechen. Folglich korrespondiert denn auch dem Mehr oder Weniger von Einzelsituationen pro erzähltem Tag nicht die Absicht, bestimmte Tage eindringlicher bzw. kursorischer darzustellen, sondern lediglich das Faktum eines Mehr oder Weniger von zu topographierenden Situationsbereichen innerhalb eines Tagesraumes. *Dies Mehr oder Weniger ist jeweils verschieden begründet, in keinem Falle aber das Resultat vorangegangener bzw. die Grundlage folgender Entwicklungen.*

[38] Schmidt, Faun, a.a.O., S. 23, Nr. 123.

Damit sind die Informationen, die diese Übersicht vermittelt, jedoch nicht erschöpft. Wir hatten oben den Aufbau des Erzählvorgangs als Ausbreitung thematisch fixierter Situationszusammenhänge beschrieben und in der Wiederholung von Situationszusammenhängen gleicher Grundsituation das Mittel zu deren thematischer Differenzierung und Variation erkannt. Hierin sahen wir den einen Aspekt der Schmidtschen Erzählabsicht verwirklicht: Realitätsbereiche typogrammatisch zu erfassen. Wir haben das für den Komplex der als „Kontaktaufnahme" bezeichneten Situationszusammenhänge deutlich zu machen versucht.

Auch hier prägt das Konstruktionsprinzip der Ausbreitung und Wiederholung von Situationszusammenhängen den Aufbau des Erzählvorgangs. Dabei wird nun bei genauerer Betrachtung der Übersichtsdarstellung aller Situationszusammenhänge ein bestimmtes Kompositionsprinzip als strukturbildend für den Erzählvorgang erkennbar: *die Markierung und Wiederholung von Einzeltagen mit im wesentlichen gleicher Binnenstruktur*. Bei Übereinsicht der Tagesbinnenstrukturen wird deutlich, daß sie alle mehr oder weniger die *Grundfigur* eines sich stets wiederholenden *Tagesablaufes* mit *nahezu identischen Stationen* rezipieren. „Die Tage liefen ab", heißt es im FAUN, „regelmäßig, wie man Kalenderblätter herunterzieht"[39]. Das Paradigma dieser Grundfigur ist für den vorliegenden Roman der erste erzählte Tag; seine Situationszusammenhänge heißen:

Auf dem Weg zum Bahnhof
Bahnfahrt nach Fallingbostel
Im Landratsamt
Mittagspause
Im Landratsamt
Heimweg
Zu Hause

Modellhaft verkürzt läßt sich das wie folgt formulieren:

Weg zur Arbeit
Arbeitsplatz
Mittagspause
Arbeitsplatz
Heimweg
Zu Hause

[39] Schmidt, Faun, a.a.O., S. 24, Nr. 132.

Acht der dreizehn dargestellten Tage sind – sieht man von wenigen Varianten ab – nach dieser Figur, die die Struktur des Düringschen Berufsalltages nachbildet, aufgebaut. Wo das Schema verlassen wird, ist das entweder durch den Wochentag (I, 2. Tag: Sonnabend; 3. Tag: Sonntag) oder Vorkommnisse, die den üblichen Ablauf des Alltags verändern, begründet (I, 4. Tag: Besuch abends beim Landrat, um den Aufbau des Kreisarchivs zu besprechen; II, 4. Tag: Reise nach Hamburg; 5. Tag: Heimreisesituation; 7. Tag: Kriegsausbruch; III, 1. Tag: (Sonnabend) Bombardierung der Eibia; 2. Tag: vor Dienstantritt).

Die Funktion dieser Grundfigur leuchtet unmittelbar ein: *sie strukturiert den Düringschen Situations- und Lebensraum nach Bereichen.* Der Weg zur Arbeit, Arbeitsplatz, Mittagspause, sowie Heimweg und Feierabend zu Haus sind die *zentralen* Lebenssituationen und -bereiche Dürings. Auf sie entfallen 58 der 72 dargestellten Situationszusammenhänge. Dabei spielt keine Rolle, ob der Weg zur Arbeit ins Landratsamt oder nach einem der Dörfer zum Aktenstudium führt, ob die Arbeit im Büro oder im Aktenkeller geleistet wird, ob der Heimweg von Fallingbostel oder anderswo angetreten wird, das situative und chronologische Schema des Tagesablaufes bleibt die bestimmende Grundfigur.

Die Bindung des Erzählvorgangs an diese Grundfigur erweist sich nun erzähltechnisch als Voraussetzung für den Aufbau und die Stabilität des Situationsraumes in der Erzählung. Erst auf dem Grundriß dieser Figur des wiederholten gleichförmigen Tagesablaufes ist die stete Wiederholung der zentralen Situationszusammenhänge möglich und damit auch deren thematische Differenzierung, die wir als topographische Strukturierung bestimmter typogrammatisch erfaßter Realitätsbereiche begreifen.

Wir halten fest: die Gliederung des Erzählvorgangs durch die Markierung von Tagesgrenzen und die ausschließliche Darstellung von Tagesabläufen fungieren als konstituierende Faktoren beim Aufbau der als Raum gedachten fiktiven Wirklichkeit. Die Dimension des Tages ist als eine Fläche zu denken, auf der die Situationen und Situationsbereiche wie Regionen auf einer Landkarte eingetragen sind. Da topographierendes Erzählen voraussetzt, daß dieser Raum stabil gehalten wird, kann die Aufeinanderfolge der erzählten Tage nicht als gerichtete Bewegung auf das gedachte Ziel eines letzten Tages hin interpretiert werden, sondern bedeutet *Wiederkehr.* Wiederkehr von Tagen im wesentlichen gleicher Binnenstruktur intendiert aber nicht die Verfolgung von Entwicklungen handlungsmäßiger Art, sondern zielt auf differenzierende Beschreibung und

Bestandsaufnahme. Wir können das Kompositionsprinzip dieses Erzählens mithin auch als *kreisende Variation von typizitären Aspekten des Situationsraumes* definieren.

Nach dem nämlichen Prinzip sind nun alle Erzählungen der drei Prosaversuchsreihen aufgebaut. Immer bildet die Figur des Tagesablaufes die Struktur des Erzählvorgangs; und fast immer sind es einige wenige stereotype Grundsituationen innerhalb dieses Tagesablaufes, die wiederholt werden.[40]

[40] So rezipieren 29 der 35 Situationszusammenhänge im Teil I des Romans DAS STEINERNE HERZ nur 3 Grundsituationen. In SEELANDSCHAFT MIT POCAHONTAS wiederholen 33 von 38 Situationszusammenhängen 5 Grundsituationen, wie die folgende Tabelle zu belegen vermag. Zugleich soll diese Darstellung die Relevanz der bisher angewendeten Methoden und Kategorien zur Beschreibung von Bauformen auch für einen Text der Prosaversuchsreihe I (Erinnerung) demonstrieren.
Die Erzählung besteht aus 18 Kapiteln. Jedes dieser Kapitel wird eingeleitet mit einem „Foto"; diese „Fotos" haben gewissermaßen die Funktion einer Kapitelüberschrift, sie fixieren „zeitrafferisch einzelne sehr helle Bilder" (Schmidt, Berechnungen I, a.a.O., S. 285), die den zentralen Erinnerungsimpuls darstellen. Die dann in dem jeweils folgenden Hauptteil des Kapitels aneinandergereihten, durch *Schrägstriche* getrennten „Kleinbruchstücke" (Berechnungen I, S. 285) sind die durch den Impuls der „Fotos" im „weiteren Verlauf der ‚Erinnerung'" (Berechnungen I, S. 285) provozierten *Einzelsituationen* der seinerzeitigen Gesamtsituation. Läßt man die 18 Überschriften („Fotos"), die in sich noch einmal in insgesamt 27 durch Schrägstriche markierte Fotodetails untergliedert sind, außer Betracht, ist die Erzählung aus 191 Einzelsituationen zusammengesetzt. Diese werden wie folgt zu 38 Situationszusammenhängen gruppiert:

		Seiten
1. Tag		
1	Reise	9—12
2. Tag		
1	Wartesaal	13—15
2	Pensionssuche	15—17
3	Pension: Gaststube (Frühstück/Mädchen)	18—20
4	Weg zum See	21—23
5	Auf dem See (Mädchen)	23
6	Auf dem See (mit Pocahontas)	23—25
7	Pension: Gaststube (Mittagessen)	26—27
8	Spaziergang	27
9	Pension: Zimmer	27—28
10	Weg zum See	29—30
11	Auf dem See (mit Pocahontas)	30—31
12	Pension: Gaststube (nach dem Abendessen)	32
13	Spaziergang	33
14	Pension: Gaststube (Party)	34—35
3. Tag		
1	Weg zum See (morgens)	36—37
2	Auf dem See (mit Poccahontas/morgens)	37—39
3	Auf dem See (mit Pocahontas nach dem Essen)	40—41
4	Pension: Zimmer (mit Pocahontas)	42—43

III. *Augenblicksdarstellung und zeitlose Erzählweisen*

Wenn solchermaßen die Tage in den Erzählungen Schmidts als raum-
konstituierende Einheiten fungieren und das Tagesgeschehen nicht unter
dem Aspekt eines energetisch-entelechischen Zeitbegriffs interpretiert werden kann, dann implizieren diese Feststellungen, daß auch die den Tag
und seine Situationsbereiche überhaupt erst begründenden Einzelsituationen
keine *zeitstiftenden Einheiten, sondern im Gegenteil zeittilgende Raum-
partikeln* darstellen. Wir knüpfen an die im ersten Teil der Arbeit vor-

gelegten Analysenergebnisse an, wenn wir im folgenden auf die beiden Faktoren eingehen, die bedingen, daß die erzählte Zeit in den Erzählungen Schmidts von ihrem Zeitcharakter geradezu getrennt wird. Den ersten dieser Faktoren bildet die abbreviatorische Augenblicksdarstellung qua Einzelsituation, den zweiten die starke Ausprägung der, wie Lämmert sie nennt, „zeitlosen Erzählweisen"[41] in den Erzählungen Schmidts.

Augenblicksdarstellungen hat es im Roman immer schon gegeben. Diese hatten jedoch im traditionellen Roman, wie Walter Höllerer in seinem Aufsatz über „Die Bedeutung der Augenblicksdarstellung im modernen Romananfang"[42] darlegt, eine fundamental andere Funktion als im modernen Roman. Dort war die Augenblicksdarstellung bezogen auf den Plan einer von vornherein dem Augenblick übergeordneten und überlegenen Geschichte[43]. „Im traditionellen Reise- und Abenteuerroman läßt sie die einzelnen Stationen eindringlicher werden, im empfindsamen Liebesroman läßt die Augenblicksdarstellung die Gefühlsschattierungen erkennen, im Entwicklungsroman können sich in Augenblicksdarstellungen die *Wendepunkte* abzeichnen"[44]. Wenn Höllerer hingegen für den *„modernen* Roman"[45] im Hinblick auf die Funktion der Augenblicksdarstellung „Veränderungen"[46] konstatiert, insofern er feststellt, daß sich der Augenblick selbständiger in die Konzeption des Erzählwerks eindrängt, der „Augenblick als kleinste Erinnerungseinheit, als kleinste Wahrnehmungs- und Erlebniseinheit, als Indizmöglichkeit, die variabel ist, als kleinste definierbare Vorstellungseinheit, kleinste Erlebniseinheit, auf die gerade noch Verlaß ist; der Augenblick als Summe des Wahrgenommenen in seiner geringfügigsten räumlichen und zeitlichen Ausdehnung"[47], dann beschreibt diese Definition des Augenblicks exakt, was Schmidt die innere und äußere Erlebniseinheit[48] nennt und was wir als Einzelsituation bezeichnen. Die von Höllerer bemerkte *Tendenz* zur Augenblicksdarstellung erscheint in der abbreviatorischen Erzählweise Schmidts auf das prägnanteste ausgeformt.

[41] Vgl. Lämmert, Bauformen, a.a.O., S. 89.
[42] Höllerer, a.a.O., S. 344.
[43] Vgl. ebenda.
[44] Ebenda. Hervorhebung im Text kursiv.
[45] Ebenda. Hervorhebung im Text kursiv.
[46] Ebenda.
[47] Ebenda.
[48] Vgl. Schmidt, Berechnungen I, a.a.O., S. 291.

Die Analyse des Situationszusammenhanges „Adressensuche" hatte ergeben, daß Einzelsituationen relativ selbständige und gegenüber voraufgegangenen und nachfolgenden Situationen deutlich abgegrenzte Augenblicke sind. Die Isolierung der Einzelsituation, so erkannten wir, wird vor allem durch drei Faktoren bewirkt:

a) durch den Verzicht auf situationsverbindende Formeln des Erzählens;
b) durch koupierten Einsatz;
c) durch abrupte Kontrastierung.

Diese Faktoren unterbinden die phasenhafte Entfaltung von Geschehniszusammenhängen, d. h. die Fokussierung der Tagesbegebenheiten zu kleinsten zuständlichen Momenten verhindert die handlungsmäßige Ausfaltung der Geschichte und dokumentiert damit deren periphere Bedeutung für die Struktur und den Gehalt der Erzählung.

In bezug auf die erzählte Zeit bedeutet abbreviatorisches Erzählen, daß die Fokussierung des Augenblicks die Kontinuität der Zeit zerstört. Wenn *Zeithaftigkeit* die mit jeder Geschichte gestiftete Erwartung auf Aufschluß und Abschluß erfüllt, so wird, wie mehrfach aufgewiesen worden ist, solche Erwartung durch *Augenblickshaftigkeit* enttäuscht. Die Zeit in den Erzählungen Schmidts fließt nicht mehr. Sie vollendet nichts mehr. In der bewegungslosen und entwicklungslosen Gegenwart des in der Einzelsituation fixierten Augenblicks oder des Bündels kleinster Augenblicke (Subsituationen) wird der Zeitfluß aufgehoben. Die horizontale Dimension des Zeitflusses, die entwicklungsschaffende Zielbewegung schwindet unter der totalen Gegenwart des Moments. Das vermag eine Analyse der situationsinternen Zeitstruktur jeder Einzelsituation eines dargestellten Tages überaus deutlich zu veranschaulichen, wie die folgende Untersuchung exemplarisch belegen möchte.

Die 46 Einzelsituationen des ersten der dreizehn Tage in AUS DEM LEBEN EINES FAUNS verteilen sich über etwa 18 Stunden, während denen Heinrich Düring morgens zum Zug geht, zur Arbeit nach Fallingbostel fährt, einen der üblichen Vormittage als Abteilungsleiter im Landratsamt verlebt, sich während der Mittagsstunde die Zeit mit einem Spaziergang durch den Ort vertreibt und, nachdem auch der Nachmittag im Amt nicht anders als gewöhnlich verlaufen ist, wieder nach Hause fährt; dort ißt Düring warm zu Abend, hört Nachrichten, geht früh zu Bett und liest, als er noch einmal aufwacht, in einem Brief Nietzsches, worüber er schließlich wieder einschläft.

Den zeitlichen Ablauf dieses Tages darf man sich wie folgt denken[49]:

7.00 Uhr	Weg zum Bahnhof
	Fahrt nach Fallingbostel
8.00 Uhr	Dienstbeginn
10.00 Uhr	Öffnung der Kundenschalter
12.00 Uhr	Beginn der Mittagspause
14.00 Uhr	Wiederbeginn des Dienstes
18.00 Uhr	Dienstschluß
19.00 Uhr	Rückkehr aus Fallingbostel
22.00 Uhr	Nachrichten
1.00 Uhr	Schluß der Lektüre.

Ehe wir nun auf diesen Zeitverlauf die Tabelle der tatsächlich erzählten situationsinternen Zeit projizieren, sind einige methodische Überlegungen zur Bestimmung der situationsinternen Zeitdauer darzulegen.

Wir unterscheiden bei der Analyse von Einzelsituationen unter dem Aspekt ihrer situationsinternen Zeitdauer vier Typen von Einzelsituationen. Diese sind:

Typ (1)

Fallingbostel: „Heil!" : „Wiedersehn!" : „Wiedersehn: —" : „Heilittler!" (FAUN, Nr. 15, S. 8)

Momente von geringster zeitlicher Ausdehnung werden fixiert; die erzählte Zeit beträgt Sekunden – in anderen Fällen Minuten, wobei die Angabe „Minuten" eine Dauer von fünf bis zehn Minuten meint.

Typ (2)

Aber als majestätisch fließendes Band kann ich mein Leben nicht fühlen; nicht ich! (Begründung.) (FAUN, Nr. 6, S. 7)

Diesen Typ von Einzelsituationen nennen wir *zeitlos;* er fixiert Betrachtungen, Sentenzen; in ihm herrschen ausschließlich die zeitlosen Erzählweisen[50] vor.

---

[49] Diese Zeitangaben stützen sich auf folgende Textstellen und Überlegungen: zugrundegelegt wird ein 8-Stunden-Tag; die Mittagspause beginnt lt. S 9f., Nr. 23 und Nr. 27 um 12 Uhr, ihre Dauer beträgt in Kleinstädten, wo die Angestellten zum Essen nach Haus gehen, in der Regel zwei Stunden. Die Öffnungszeiten für den Kundenverkehr ergeben sich aus Nr. 23. Daß Düring die Wohnung vor 7.10 Uhr verlassen hat, errechnet sich leicht aus der Angabe S. 8, Nr. 11: die Sonnenaufgänge im Februar liegen zwischen 7.10 Uhr und 8.00 Uhr; die Zeitangabe 7.00 Uhr bleibt freilich geschätzt und willkürlich; ebenso die angenommene Rückkehr für 19.00 Uhr. Die Abendnachrichten hört Düring lt. S. 34, Nr. 190 offenbar um 22.00 Uhr. Da zwischen 22.00 Uhr und der Lektüre lt. S. 12, Nr. 44 ein paar Stunden vergangen sind, nehmen wir für S. 12, Nr. 46 etwa 1.00 Uhr als Zeit an.

[50] Vgl. Lämmert, Bauformen, a.a.O., S. 89 f.

Typ (3)

Ein Mädchenschwarm fiel ein mit fröhlich flatternden Zungen. (Peters will sich auf seine alten Tage noch n Klavier kaufen. Und spielen lernen. Je nun.) (FAUN, Nr. 29, S. 10)

Der Typ kombiniert die Typen (1) und (2); zeitlich erfaßbar ist nur der sekundenlange Eindruck von dem Mädchenschwarm. Von allen vier Typen ist dies der am häufigsten vertretene.

Typ (4)

Der hagere Zeitungsverteiler: ich war in „Reisende mit Traglasten" geraten, und sah zu, wie er unterwegs das Fenster öffnete und den einsamen Bahnwärterhäuschen die Pakete hin kugelstieß (damit die sie dann auf den Dörfern verteilten). „Na, Herr Singer, wie stehts Turnier?"; und er gab mir zurückhaltend und kammachern Auskunft. (War nämlich ein leidenschaftlicher Schachspieler, vieleckig und armselig, ‚Germania Walsrode', und so entzückend fanatisch, daß er nicht rauchte, wenn er „trainierte"). „Heilittler, Herr Singer." (FAUN, Nr. 36, S. 11)

Die Einzelsituation umspannt zwar einen längeren Zeitraum, hier etwa eine halbe Stunde (Bahnfahrt), fixiert aber im einzelnen Subsituationen von wiederum kürzester Dauer: Beobachtung, Gespräch, Verabschiedung. Diesen am seltensten vertretenen Typ von Einzelsituationen, der eine längere Zeitdauer erkennen läßt, bezeichnen wir in der Tabelle mit dem Wort „länger", in Klammern erscheint die ungefähre Zeitdauer.

Eine Ausnahme bildet die Einzelsituation Nr. 44, S. 12: obwohl zwischen beiden Mondbeobachtungen laut Klammerangabe Stunden vergangen sind, rechnen wir diese Einzelsituation unter Typ (1), weil ausdrücklich nur die Momente „Klo", „Mond" und wieder „Mond" fixiert sind.

Im Einzelfall ist oft schwer auszumachen, ob es sich um Einzelsituationen vom Typ (2) oder (3) handelt. Das ist vor allem der Fall, wenn Eindrücke registriert und kommentiert werden. Da die Eindrucksdauer an sich zeitlich erfaßbar ist, haben wir uns entschieden, in allen Fällen, in denen der Eindruck vorwiegend auf geschehensmäßigen Vorgängen beruht, so wenn Düring *schreibende* Schülerinnen beobachtet (Nr. 11, S. 8), diese Eindrücke als erzählte Dauer aufzufassen und nach Sekunden oder Minuten zu messen. Dort wo Landschafts- und Natureindrücke empfangen und kommentiert werden, rechnen wir die Einzelsituation unter Typ (2), z. B. Nr. 13, S. 8: „*Sonnenaufgang:* und scharlachne Lanzen. (Aber hinten blieb Alles noch starr und eisblau, wie hoch Der auch die lachsroten leeren Gobelins hielt").

Unter dem Aspekt solcher Einteilungskriterien ergibt sich nun für den ersten der dreizehn Tage in AUS DEM LEBEN EINES FAUNS folgende Übersichtsdarstellung der erzählten situationsinternen Zeitdauer:

Auf dem Weg zum Bahnhof: 7.00 Uhr

Nr. 1: Sekunden   Butterbrotpapier knistert
Nr. 2: Sekunden   Mond schiebt sich näher
Nr. 3: Minuten   mehrere Eindrücke
Nr. 4: zeitlos
Nr. 5: zeitlos
Nr. 6: zeitlos
Nr. 7: zeitlos
Nr. 8: Minuten   Bahnhof; einsteigen

Bahnfahrt nach Fallingbostel:

Nr. 9: länger   Käthe Evers
Nr. 10: Minuten   Begrüßung der Kollegen: Witz
Nr. 11: Minuten   Mädchen schreiben
Nr. 12: Sekunden   Fluch
Nr. 13: zeitlos
Nr. 14: zeitlos
Nr. 15: Sekunden   Verabschiedung

Im Landratsamt: 8.00–12.00 Uhr

Nr. 16: zeitlos
Nr. 17: Sekunden   Fräulein Krämer
Nr. 18: Minuten   Witz Schönerts, Reaktion
Nr. 19: Sekunden   Peters kaut am Bleistift
Nr. 20: Sekunden   Frage an Schönert
Nr. 21: Minuten   Gespräch mit Schönert
Nr. 22: Minuten   Beobachtungen am Fenster
Nr. 23: Minuten   10.00 Uhr: Kundendienst
Nr. 24: Minuten   Auskunft
Nr. 25: zeitlos
Nr. 26: Sekunden   letzter Kunde geht

Mittagspause: 12.00–14.00 Uhr

Nr. 27: zeitlos
Nr. 28: zeitlos
Nr. 29: Sekunden   Mädchenschwarm
Nr. 30: zeitlos
Nr. 31: länger   Autobus: Sekunde; Rest des Weges

Im Landratsamt: 14.00–18.00 Uhr

Nr. 32: Sekunden   Peters warnt: der Landrat kommt
Nr. 33: Minute   Landrat fragt nach der Uhrzeit
Nr. 34: länger   Unterschriften (ca. 15 Minuten)

Heimweg: 18.00–19.00 Uhr

Nr. 35: Minuten   Bahnhof, Zug kommt
Nr. 36: länger   Bahnfahrt (ca. 30 Minuten)
Nr. 37: Minute   Bauer im Nebel
Nr. 38: zeitlos

Zu Hause: 19.00–1.00 Uhr

Nr. 39: Minuten   beim Essen und Radiohören
Nr. 40: zeitlos
Nr. 41: Sekunden   beim Sendersuchen
Nr. 42: Sekunden   Nachrichtennotiz (22.00 Uhr)
Nr. 43: Minuten   auf dem Weg ins Schlafzimmer
Nr. 44: Minuten   Klo; Mond; Mond (dazwischen Stunden)
Nr. 45: Sekunden   Blick auf das Thermometer
Nr. 46: Minuten   Lektüre

Wertet man diese Tabelle aus, so ist zunächst festzustellen: die situations-interne Zeitstruktur der 46 Einzelsituationen differiert wie folgt:

13 Einzelsituationen: zeitlos
13 Einzelsituationen: Sekunden
14 Einzelsituationen: Minuten
 2 Einzelsituationen: Minute
 4 Einzelsituationen: länger

Versteht man unter der Angabe „Minuten" durchschnittlich fünf Minuten, so ergibt sich (ohne weitere Berücksichtigung der Sekunden) folgende Darstellung der ausdrücklich erzählten Zeit:

 7.00– 8.00 Uhr: Fahrt zur Arbeit: 20 Minuten
 8.00–12.00 Uhr: Landratsamt: 25 Minuten
12.00–14.00 Uhr: Mittagspause: 25 Minuten
14.00–18.00 Uhr: Landratsamt: 16 Minuten

18.00–19.00 Uhr: Heimweg:	36 Minuten
19.00– 1.00 Uhr: Zu Hause:	20 Minuten
	142 Minuten

Deutlicher werden diese Relationen, wenn man die Stundendauer der einzelnen Tagesabschnitte in Minuten umrechnet und deren Zahlen mit jenen der ausdrücklich erzählten situationsinternen Zeiten vergleicht:

Fahrt zur Arbeit:	60:	20 Minuten
Landratsamt:	240:	25 Minuten
Mittagspause:	120:	25 Minuten
Landratsamt:	240:	16 Minuten
Heimweg:	60:	36 Minuten
Zu Hause:	360:	20 Minuten
	1080:	142 Minuten

Das Kontinuum der Zeit, so hieß die These Arno Schmidts, ist ein Konstruktum, nicht erlebbar, ein Substrat, das dem erlebten Phänomen der Diskontinuität und Partikularität zwar als zugrundeliegend gedacht wird, aber dem Bewußtsein nicht als kontinuierlich erlebtes Dasein erscheint. Die Tabelle vermag diesen Satz auf das deutlichste zu belegen. Die Einzelsituationen sind nicht wie die Augenblicke im traditionellen Roman durch zeitliche Rückwärts- und Vorwärtsbezüge engagierte Kettenglieder, sondern autonom. Es baut sich nicht ein Zeitpartikel organisch auf dem anderen auf — wenn man die Einzelsituationen als isolierte Zeitpartikeln ansieht — ihre Aufeinanderfolge ist nicht durch Entwicklung begründet, sondern durch Chronologie. Nicht die Einzelsituationen selbst lassen Zeitbewegung vernehmlich werden, sondern die zeitlichen Differenzen zwischen den Einzelsituationen addieren sich zur Dimension eines 18 Stundentages: Das heißt: *die Bindung des Erzählvorgangs an die Chronologie des Tagesablaufes fingiert nicht die Kontinuität des Tagesablaufes.* Im Hinblick auf die Zeit fungieren die Tage lediglich als formale Gerüste, in die die bewußt gewordenen und behaltenen Augenblicke eingehängt werden, um so dem Stenogramm der erlebten Abbreviaturen in bezug auf die Zeit zumindest den Rahmen des Tages und die Ordnung seines chronologischen Ablaufes zu verleihen. Nicht anders bewertet Schmidt die Relation von Einzelsituation und Tag, wenn er schreibt: „Von Mitternacht zu Mitternacht ist gar nicht

‚1 Tag', sondern ‚1440 Minuten' (und von diesen wiederum sind höchstens 50 belangvoll!)"[51].

IV. *Erzähltheoretische Folgerungen*

Diese Befunde haben erzähltheoretische Konsequenzen. Wenn von den 1080 erzählten Minuten des ersten Tages in AUS DEM LEBEN EINES FAUNS nur 142 Minuten im Bewußtsein des Ich-Erzählers als erlebtes Dasein existent sind und der formale Aufbau der Erzählung erklärtermaßen die „poröse Struktur"[52] solch löcherigen Daseins[53] reproduzieren will, dann ist nach unserer Auffassung jeder Versuch strukturunangemessen, die fehlenden 938 Minuten dieses Tages vorstellungsmäßig ergänzen zu wollen. Das *zwischen* den Einzelsituationen liegende *nicht erzählte* Geschehen darf gemäß der Erzählabsicht und Struktur dieser Erzählwerke nicht aufgefüllt werden, denn die Einzelsituationen sind nicht *ausgewählte* Elemente aus dem Zusammenhang einer als zugrundeliegend gedachten Geschichte, weil es nach Schmidt die kontinuierliche Geschichte eines solchen Lebenszusammenhanges gar nicht gibt. Das Leben ist ein „Haufen bunter Bilderkacheln; (ein) zerblitztes Museum"[54].

Aus diesem Grunde ist denn auch die vielerorts übliche Bezeichnung der Schmidtschen Erzähltechnik als Rastertechnik sachlich falsch[55]. Der Terminus und die damit verbundenen Vorstellungen verstellen geradezu den Blick auf die Struktur der Schmidtschen Erzählungen. Rastern heißt, ein komplettes Bild durch Raster in Rasterpunkte zerlegen, setzt also als Grundlage das *Vorhandensein* eines *kompletten Bildes* voraus und vermittelt als Resultat wiederum nichts anderes als dies Bild, nur eben vergröbert. Kneift man die Augen zusammen oder wahrt den nötigen Abstand, verschwindet das Rastermuster, und das ursprüngliche Bild erscheint. Analysiert man also, wie Schauder in seinem Aufsatz über „Arno Schmidts experimentelle Prosa"[56], die Erzählungen Schmidts unter dem Aspekt dieser

---

[51] Schmidt, Berechnungen I, a.a.O., S. 291.
[52] Schmidt, Berechnungen I, a.a.O., S. 291.
[53] Vgl. ebenda.
[54] Schmidt, Faun, a.a.O., S. 18, Nr. 92.
[55] Von Rastertechnik sprechen u. a.: Schauder, a.a.O., S. 44; Kreuzer, a.a.O., S. 471; Frenzel, a.a.O., Bd. 2, S. 282; Bohrer, Satyrspiel, a.a.O., S. 317, Sp. 2.
[56] Schauder, a.a.O.

Vorstellung, hebt man die Struktureigentümlichkeiten dieser Prosa auf. Denn in Analogie zum Betrachter eines gerasterten Bildes, der ja „keineswegs eine punktuelle Fotografie sieht"[57], muß Schauder für den Leser eines Schmidtschen Prosawerkes annehmen, daß dieser „die poröse Struktur des Textes mit seinen eigenen Eindrücken und Reaktionen"[58] auffüllt und auf diese Weise „schöpferisch, (...) engagiert"[59] wird. Solch Leserverhalten verkehrt die Erzählabsicht Schmidts in ihr Gegenteil, indem es durch *auffüllendes Lesen* die Diskontinuität und Partikularität des Erzählten in Kontinuität und Totalität verwandelt. Schmidts Prämisse ist aber, daß *von Anfang an* unser Bewußtsein *nichts anderes wahrnimmt als die poröse Struktur des Daseins,* weil Diskontinuität und Partikularität hirnphysiologisch bedingte Modalitäten der Realitätserfahrung sind.

Das Schauder-Zitat belegt denn auch im Grunde genommen unsere Meinung, daß das bei Schmidt zwischen den Einzelsituationen liegende nicht Erzählte aus der Erzählung selbst nicht zu ergänzen ist. Schauder bleibt angesichts des auch von ihm registrierten Funktionsverlustes der Geschichte nichts anderes übrig, als zu postulieren, der Leser habe die Erzähllücken mit seinen *eigenen* Eindrücken und Reaktionen aufzufüllen. Das heißt aber doch, daß die Erzählung diese Lücken eben nicht selbst auffüllt. Und das ist, wie wir ausreichend zu belegen uns bemüht haben, exakt die Erzählabsicht Schmidts und die Funktion seiner abbreviatorischen Erzählweise.

Erweist sich aber solchermaßen, daß zwar zwischen den Einzelsituationen die fehlenden Tageszeiten zu bestimmen sind, nicht aber die aus der Erzählung selbst zu gewinnende Konkretion irgendeines erlebten Vorgangs oder Gedankens, es sei denn, man verliere sich in strukturunangemessene Spekulationen, dann entfällt für die Erzählwerke Schmidts die Möglichkeit, sinnvoll zwischen erzähltem Vorgang und Erzählvorgang zu unterscheiden. Denn der erzählte Vorgang der Geschichte ist, wie gezeigt werden konnte, derart beiläufig und partikularisiert, daß er als Bezugssystem kaum erscheint und irrelevant ist. Ist aber der erzählte Vorgang nicht mehr gegen den Erzählvorgang abzusetzen, ist auch die Prämisse aufgehoben, auf der die Funktionsfähigkeit der Analyse von Erzählzeit und erzählter Zeit beruht, daß sich nämlich das Verhältnis von erzählter Wirklichkeit und sprachlicher Wiedergabe als ein durch Andeutung und Auswahl bestimmter Umbildungsprozeß des erzählten Vorgangs in den Erzählvorgang dar-

---

[57] Schauder, a.a.O., S. 44.
[58] Ebenda.
[59] Ebenda.

stellt. „(...) das Werk als solches", so hieß es bei Müller, „erhebt sich vor dem Leser in seinem eigenen Ablauf, und in ihm selbst legen sich die breit erzählten, die gerafften, *ja sogar die übersprungenen Partien* dar"[60]. Und Lämmert schrieb: „Zwischen dem Anfangs- und Schlußpunkt einer Geschichte spiegelt die Ereigniskette einen kontinuierlichen Zusammenhang vor. Von diesem Lebenszusammenhang wird jedoch nur eine ausgewählte Folge von Ereignissen erzählend vergegenwärtigt"[61]. In bezug auf die Erzählwerke Arno Schmidts zwingen die vorgelegten Analysenergebnisse jedoch zu der Feststellung, daß sich deren Strukturen nicht mit Hilfe einer unter dem Aspekt der Geschichte und des energetisch-entelechischen Zeitbegriffs entwickelten Methode wie der der Analyse des Verhältnisses von Erzählzeit und erzählter Zeit erhellen lassen, weil weder die den Kontext von Lebensvorgängen fingierende Geschichte noch der sie konstituierende Zeitbegriff den Erzählvorgang bei Schmidt prägen.

Vielmehr hat auch die Analyse dieser Erzählung Schmidts deutlich machen können, daß wir in dem Begriff des Raumes eine Kategorie zur Verfügung gewonnen haben, unter deren Aspekt sich sowohl die Struktur der dargestellten Wirklichkeit als auch die Konstruktionsfaktoren und -verfahren, die den erzählerischen Aufbau dieser Wirklichkeit leisten, strukturangemessen beschreiben lassen. Dem im Hinblick auf die Texte Arno Schmidts konstatierten Funktionsverlust der aus dem Begriff der Sukzession (Zeit) abgeleiteten Kategorien zur Beschreibung von Bauformen des Erzählens steht damit der Gewinn neuer Kategorien gegenüber, deren Funktionsfähigkeit wir in den voraufgegangenen Analysen unter Beweis zu stellen uns bemüht haben.

[60] Müller, das Zeitgerüst des Fortunatus-Volksbuchs, a.a.O., S. 575. Hervorhebung, R. B.
[61] Lämmert, Bauformen, a.a.O., S. 26.

C) INTERPRETATION DER ERZÄHLUNG AUS DEM LEBEN EINES FAUNS

Zum Abschluß sei noch einmal an der Erzählung AUS DEM LEBEN EINES FAUNS exemplarisch belegt, wie die vom Raum bestimmten Aufbaustrukturen der Erzählungen Schmidts unmittelbar auch deren thematische Strukturen widerspiegeln, so daß sich die morphologischen Strukturen immer auch als Bedeutungen erweisen, ohne deren sorgfältige Analyse die Interpretation sich in Spekulation zu verlieren droht.

Das Thema der Erzählung AUS DEM LEBEN EINES FAUNS wird mit Hilfe des abbreviatorischen Verfahrens der typogrammatisch-topographischen Registrierung multipler Realitätsfelder, die in ihrer Gesamtheit das Bezugssystem des Düringschen Lebensraumes ausmachen, realisiert. Jeder dieser Situationsbereiche fixiert Situationsindikatoren von typizitärer Relevanz, so daß sich auch in diesem Falle der Erzählvorgang definieren läßt als die Reproduktion phänomenologischer Indizien. Das Verfahren ist im einzelnen am Beispiel des Romans DAS STEINERNE HERZ ausführlich erläutert worden.

Ohne im Detail auf die thematischen Typogramme der vorliegenden Erzählung einzugehen, muß im Zusammenhang dieser Analyse jedoch soviel gesagt werden, daß ungeachtet aller thematischen Aspektvariationen die Fixierung typizitärer historischer Situationsindikatoren alle Typogramme durchsetzt. Also nicht nur die typische Atmosphäre von Pendlerzügen wird notiert, sondern auch das Abteilgeschwätz über Goebbelsreden, Greuelpropaganda der Polen und Nazigegenpropaganda; nicht nur das subalterne Milieu in Behördenbüros, auch Bergen-Belsen und die Reaktion: ich weiß von nichts; Mutterschaftskreuz; Arbeitsdienst; Emigranten; Gemeinschaftsempfang: politische Schulung; gefallene und gefangene Kollegen; Papierknappheit; Holzsandalen; Süßstofftabletten. Und zu Haus: Geländespiele der HJ; Ordensburgsehnsucht und Offiziersanwärterschaft des Sohnes; die verblendet-stolze Mutter; politische Kontroverse Sohn-Vater; der für Großdeutschland gefallene Sohn; und so weiter. Gezeigt wird der von Nationalsozialistischem durchsetzte Alltag, die Einengung aller Lebensbereiche auf die Eindimensionalität des Systems. Die phänomenologische Topographie solch historisch-typogrammatischer Realitätsstrukturen ist das allgemeine Thema der Erzählung, das in der Figur des Heinrich Düring seinen besonderen Akzent erfährt. Düring repräsentiert das Typogramm eines Verhaltens, das sich beschreiben läßt als die Spannung zwischen Fremdbestimmung und Anpassung auf der einen Seite und dem Versuch auf der anderen, innerhalb des Systems Reservate der Selbstbestimmung zu wahren. Dabei geht es der Erzählung nicht um die psychologische Analyse eines individuellen Konfliktes, darin hätte der traditionelle Roman sein Thema gesehen, vielmehr wird dieser Konflikt lediglich in seinen typizitären Konstellationen bemerkt und topographiert. Die Erzählung richtet sich nicht, wie Heißenbüttel einmal generalisierend die Tendenz solcher Erzählabsichten beschrieben hat, auf „eine subjektive Innerlichkeit, sondern auf die soziale Äußerlichkeit des Menschen"[1]; nicht „was die Akte der Verwaltung und Registratur dem Menschen antun, sein Leiden an diesem Zustand ist Gegenstand der Erzählung, sondern die Art und Weise, in der durch diese Akte der Mensch neu definiert wird"[2]. Das Mittel dieser Erzählung aber, und auch darauf hat Heißenbüttel aufmerksam gemacht, „ist eher das der Deskription als das der Entwicklung, nicht die syntaktische Verfolgung von Vorgängen (die früher in der atemlosen Aussparung und dann wieder Ergänzung von einzelnen Markierungsstellen der Jagd ihre höchste Definition fand), sondern die beschreibende Zusammensetzung von sprachlich reproduzierbaren Bezirken"[3]. Es wird erzählt vom Menschen in den „Bezugsfeldern seiner sozialen Erfaßbarkeit. Sozialität, Gesellschaftlichkeit des Menschen aber besteht in einer nachsubjektiven Epoche in den Abbreviaturen der Registratur. Diese läßt sich nicht brechen noch auf Menschliches hin durchschauen und interpretieren. Es muß vielmehr berichtet werden, was umgekehrt ihre Akte zur erneuten Interpretation des Menschen beitragen, wie er aussieht, wenn er dahinein gekommen ist. Da liegt der Stoff der Erzählung"[4].

Rechtfertigt der Aufweis eines solchen Bezugssystems multipler Felder auch für die Erzählung AUS DEM LEBEN EINES FAUNS die Verwendung des Raumbegriffes, so erweist sich die Kategorie des Raumes für die

---

[1] Heißenbüttel, Frankfurter Vorlesungen, a.a.O., S. 179.
[2] Ebenda. — Heißenbüttel fährt fort: „Nicht die Kafkasche Allegorie, die das an Registratur und Verwaltbarkeit leidende und von ihr vernichtete Subjekt darstellt, erfüllt die Thematik des Jahres 1963, sondern die Versuche so verschiedener Autoren wie Nathalie Sarraute, Arno Schmidt, Wright Morris, Claude Mauriac, Michel, Butor, Alexander Kluge" (S. 179).
[3] Ebenda.
[4] Heißenbüttel, Frankfurter Vorlesungen, a.a.O., S. 180.

Interpretation der Erzählung jedoch noch in ganz anderer Weise als konstitutiv.

Bei Übereinsicht nämlich aller Situationszusammenhänge wird deutlich, daß die Hütte, das eigentliche Faunsasyl, nur zweimal Schauplatz der Erzählung ist: als sie entdeckt und bevor sie abgebrannt wird[5]. Dazwischen liegen fünf Jahre Faunsexistenz, von denen kein Wort berichtet wird. Man könnte geradezu einwenden, die Erzählung erzähle von allem Möglichen, nur nicht aus dem Leben eines Fauns. Der Einwand verkennt jedoch die Struktur der Erzählung, er übersieht, was die nach Situationszusammenhängen geordnete Übersichtsdarstellung unmittelbar verdeutlicht, daß die Hüttengeschichte nicht die Explikation des Erzählthemas zu leisten hat. Die Entdeckung der Hütte, das durch wenige Indizien angedeutete Hüttenleben[6] sowie die Zerstörung der Hütte[7] sind nurmehr Elemente einer ohnehin schon zum Histörchen degradierten Geschichte. Wie wenig Schmidt an der fabulösen Ausfaltung dieser Geschichte gelegen sein kann, verdeutliche man sich, indem man sich das Ergebnis solcher Entfaltung vorstelle: die Robinsonade eines Mannes, der in seinem Versteck den Freizeit-Emigranten spielt, umgeben von Lieblingsbüchern, -bildern und einer jungen Geliebten[8]. Das ist die trivial-idyllische Tendenz der eigentlichen Geschichte.

Wenn solchermaßen die Erzählung die Faunsexistenz Dürings nicht außerhalb des Bezugsystems der zentralen Situationsbereiche seines Lebens ansiedelt, dann müssen die Emigrationsbereiche dieser Faunsexistenz innerhalb des Systems selbst liegen, denn daß sich der Titel AUS DEM LEBEN EINES FAUNS ausgerechnet nur auf das *nicht* Erzählte beziehen solle, darf man wohl ausschließen.

Analysiert man unter dem Aspekt dieser Hypothese noch einmal die Struktur des Situationsraumes, so bleibt zwar dessen Aufbau bestimmt von den Situationsbereichen

Weg zur Arbeit
Arbeitsplatz
Mittagspause
Arbeitsplatz
Heimweg
Zu Hause,

[5] Schmidt, Faun, a.a.O., S. 60 f. bzw. S. 85 ff.
[6] Vor allem durch den Situationszusammenhang (11), 1. Tag, Teil III, S. 85 ff., Nr. 515–537.
[7] Vgl. Schmidt, Faun, a.a.O., S. 88 ff.
[8] Vgl. Schmidt, Faun, a.a.O., S. 86, Nr. 519 und 520.

der nochmalige Blick auf die Übersichtsdarstellung aller Situationszusammenhänge zeigt aber, daß im Teil II der Erzählung einige der Situationsbereiche „Arbeitsweg" und „Arbeitsplatz" *qualitativ* von den parallelen Situationsbereichen an anderen Tagen *unterschieden* sind. Während der Monate Mai bis August des Jahres 1939 geht Düring zwar auch seiner Arbeit nach und verlaufen seine Tage formal nach dem Muster aller Arbeitstage, verbringt er aber große Teile des Tages in *qualitativ* von seinem sonstigen Alltag völlig unterschiedenen Räumen, befaßt mit einer ganz anderen Arbeit. Es sind die Aktenkeller, die außerhalb der alltäglichen Route liegenden Fahrten mit dem Fahrrad zur Arbeit und zurück, ist die Reise nach Hamburg und die Rückkehr mit der Entdeckung der Hütte.

In diesen qualitativ anderen Räumen, vor allem in den Aktenkellern, lebt Düring sein Fauns- und Emigrantenleben. Geschützt vor der Umwelt durch seinen Auftrag, der diese Bereiche zu Arbeitswegen und -plätzen erklärt, formal also integriert in das Bezugssystem der öffentlich kontrollierten Lebensbereiche, entzieht sich Düring diesem System, indem für ihn das Studium der Akten nicht mehr primär Erledigung eines Auftrages ist, sondern zu dem faunhaften Genuß wird, in die in den alten Urkunden aufbewahrte Welt zu emigrieren:

„Ahhhh!!!! ——

Die große alte Karte!!

Da rannen die gekräuselten Linien der Bäche um schwarze Häuserpunkte; durch eine liebliche Hügelzahl, die 6 und die 2; zergingen in winzige Mühlteiche; die Landstraßen kreuzten klug drüber weg: viele, für mein Herz zu viele, Bäche (und ich folgte jedem atemlos: bis zu seiner Quelle an einem Hang; oder wie er sorgsam aus bitterem Moor zusammen sickerte). Eckige Dörferzeichen; Kreise bekreuzten sich kirchlich; das Posthorn dabei verkündete Pferdewechsel. An dieser Stelle.

Aber die Wälder!: Laubbäume rundeten Schweigen; Nadelforst spitz und schweigend. Schlichen Jäger im Tann, zogen rote Hände aus düsteren Leichnamen; Rehe rasten geduckt (langes ‚a'); Kühe standen ergeben auf Weiden; Wind summte vor sich hin; Gras wischelte; Mein Seelvogel verschwand im Unterholz (der Wälder von 1812)"[9].

Karten und Urkunden, die entbehrlich scheinen für das Archiv, werden aussortiert und von Düring vereinnahmt, denn:

[9] Schmidt, Faun, a.a.O., S. 37 f., Nr. 206, 207, 208, 209.

„*Das gehört mir!* (Ganz kalt!) Ich!: ich bin der wahre Eigentümer, auf den diese Dinge seit hundert Jahren lauern! Bei Niemand außer mir ziehen sich die linden Grenzkolorite um mich. Niemand außer mir, sieht hier an jenem Punkthaus: die zwei jungen Stachelbeersträucher: machten einander zerflüsterte Liebeserklärungen, dehnten dünne grüne Arme, zusammen, in ihre runke Nacht (unterm Sternengestückel)"[10].

Die Funktion dieses Aktenmaterials ist deutlich; sie ist das Instrumentarium Dürings, den nationalsozialistischen Alltag seelisch und geistig zu überstehen, indem ihm Urkunden und Karten als Vorlage dienen für Traum und Gedankenspiel, denn, so heißt es einmal an anderer Stelle bei Schmidt:

„Soweit ist die Fantasie, unberufen, noch intakt, daß man 60 Minuten hinter'nander die Augen zulassen und 1 Gedankenspiel anstellen kann. Manche schreien immer gleich auf: ‚Eingesperrt?! Oh das muß furchtbar sein; das ertrüg ich keine 3 Tage!': können demnach keine großen Geister sein, (vorausgesetzt, daß sie wirklich so denken; was man nie weiß); da wäre man in der Kriegsgefangenschaft weit gekommen, mit solchen läppischen Maximen"[11]!

Daß ausgerechnet so nüchternes Material Gedankenspiel und Traum zu provozieren vermag, beruht auf der spezifischen Sensibilität aller Schmidtschen Erzähler gegenüber dem Faktischen:

„Gerade an so überzeugend=Exaktem kann sich die kombinierende Fantasie entzünden: das heißeste Feuer kommt aus Trockenstem; Karten, Zahlenkolonnen, Namenslisten von Staatshandbüchern"[12]!

Wohlzuverwahrendes Material also, weil zum *Überleben* unerläßlich:

„(...) (noch zum Tischler: will mir einen festen sperrhölzernen Koffer machen lassen, verschließbar, mit Fächern und Einsatz; für die expropriierten Urkunden meiner Sammlung; Traumvorlagen)"[13].

Es ist die Pointe der Erzählung, daß Düring in der Welt dieser Akten auf ein Schicksal stößt, das ihm als der Präzedenzfall des seinigen erscheint[14]: auf das des Deserteurs Thierry, eines „Emigranten" des Jahres 1813, der, freilich abenteuerlicher und gejagt von allen Hunden des da-

---

[10] Schmidt, Faun, a.a.O., S. 38, Nr. 213.
[11] Schmidt, Kühe in Halbtrauer, a.a.O., S. 10.
[12] Schmidt, Herrn Schnabels Spur, a.a.O., S. 89. Vgl. auch DAS STEINERNE HERZ, S. 68, Nr. 274 ff.
[13] Schmidt, Faun, a.a.O., S. 51, Nr. 309.
[14] Vgl. Schmidt, Faun, a.a.O., S. 60, Nr. 364.

maligen Regimes, sein Versteck in der Hütte fand. Daß 126 Jahre danach diese Akten nun Düring die Hütte bescheren, ist ein fabulöser Einfall, ein Element, nicht weiter auszuführen, weil für die *Topographie einer Haltung* unwesentlich. Denn das ist der entscheidende Unterschied zwischen Thierry und Düring: Thierry ist das Paradigma physischer Desertion:

„(...): war ganz einfach desertiert! Mit einem Satz aus Reih und Glied ins freie Moor gesprungen (und hatte scheinbar jahrelang dort versteckt gelebt, ‚und Dein nicht zu achten‘ selbst im weißen öden Winter: man kann also so was machen!)“[15].

Düring jedoch verläßt Reih und Glied nur bedingt, emigriert innerlich, lebt verborgen und doch öffentlich, wechselt „feixend“[16] von einem zum anderen Bereich:

„*Heil, Herr Peters!*‘ (das ist der einzige Unterschied: er geht geduldig und sogar stolz im Joch: ich schlüpfe feixend aus und ein!)“[17].

Thierry ist ein Handelnder in jeder Hinsicht: Flucht, Jagd, Verstecken, Nahrung suchen; eine Folge von Rastlosigkeiten; ein Leben außerhalb des Koordinatensystems öffentlicher Ordnung und Duldung:

„*Hier wieder:* Einbrüche in einsame Gehöfte, Diebereien von Lebensmitteln (...)“[18].

„*Hier wieder:* ein Bauernmädchen war am Herbstabend im Moor von einem Unbekannten in zerstückeltem Deutsch gefragt worden: ob er nicht mal. Und hinterher hatte er ihr noch n halben Sack Kartoffeln abgenommen“[19].

Düring dagegen bleibt etabliert: seine Fahrten nach den Dörfern, das Aktenstudium in den Kellern, die quasi Dienstreise nach Hamburg sind, weil von der Behörde angeordnet oder genehmigt, für die Öffentlichkeit integriert in den Funktionszusammenhang des von den Machthabern beherrschten Bezugssystems aller Lebensbereiche.

Gelingt Thierry die Faunsexistenz nur als Kette systemfeindlicher Handlungen, so verwirklicht sich Dürings Faunsleben *handlungslos* als *Aufenthalt* in *Räumen*, deren Bedeutung, die sie für ihn haben, er vor dem System zu verbergen weiß. So gelingt es ihm, diese Situationsbereiche zu Reservaten eines Lebens werden zu lassen, das ihm ein Mindestmaß an Selbstbestim-

[15] Schmidt, Faun, a.a.O., S. 43, Nr. 258.
[16] Schmidt, Faun, a.a.O., S. 46, Nr. 280.
[17] Ebenda.
[18] Schmidt, Faun, a.a.O., S. 43, Nr. 254.
[19] Schmidt, Faun, a.a.O., S. 43, Nr. 255.

mung ermöglicht, ohne dabei – wie Thierry – aktiv zum System in Widerspruch zu geraten. Selbstironisch und bitter paraphrasiert Düring diese Existenz einmal als „ein putziges enges Dasein"[20], eine Charakterisierung seines Asyllebens unter dem Aspekt raumbegrenzender Vorstellung.

Nicht auf das Leben in der Hütte, auf jene fünf von der Erzählung ausgelassenen Jahre, bezieht sich also der Titel AUS DEM LEBEN EINES FAUNS, sondern auf die wenigen Monate des Aufenthaltes in den von dem herrschenden System in ihrer Bedeutung für Düring nicht erkannten und darum auch nicht kontrollierten Situationsbereichen, deren Zentrum die Aktenkeller sind.

So erweist sich auch in diesem detaillierteren Zusammenhang der Begriff des Raumes als eine fruchtbare, Struktur und Erzählthema gleichermaßen adäquat erfassende Kategorie der Interpretation.

[20] Schmidt, Faun, a.a.O., S. 50, Nr. 304.

SCHLUSS
Zwei fundamental voneinander unterschiedene
Struktur- und Adaptionsmodelle des Erzählens

Wir haben die morphologische Struktur der Erzählungen DAS STEI-
NERNE HERZ und AUS DEM LEBEN EINES FAUNS analysiert und
beschrieben; die Ergebnisse dieser Analysen sind exemplarisch und gelten
für alle Erzählungen der drei Prosaversuchsreihen. Dabei hat sich erwiesen,
daß die von der Fachwissenschaft bereitgestellten und von Lämmert zu-
sammengefaßten Methoden und Kategorien zur Beschreibung von Bauformen des Erzählens nicht geeignet sind, die Struktureigentümlichkeiten
des Schmidtschen Erzählwerkes zu erfassen. Wir haben daher eigene Methoden entwickeln und Begriffe prägen müssen, um die Erzählstrukturen im
Werk Arno Schmidts adäquat erkennbar werden zu lassen. Das Resultat
dieser Bemühung ist die Konzeption eines Strukturmodells des Erzählens,
dessen strukturbestimmende Kategorie die des Raumes ist.

Der Aufriß eines solchen von der Vorstellung des Raumes geprägten
Strukturmodells mußte notwendig zur Auseinandersetzung mit dem unter
dem Begriff der Sukzession konzipierten Strukturmodell des Erzählens
zwingen. Diese Auseinandersetzung ist von grundsätzlicher erzähltheore-
tischer Bedeutung, insofern als die von Lämmert repräsentierte erzähltheoretische Forschung das Prinzip der Sukzession zum Kriterium aller
denkbaren Erzählstrukturen erhebt.

Zweierlei haben wir nie bestritten: daß Erzählungen ihre Informationen
im Nacheinander übermitteln, Wort für Wort; und daß innerhalb des Erzählten zeitliche Verhältnisse auszumachen sind. Was wir deutlich machen
wollten, ist, daß die auf dem Begriff der Sukzession aufbauende Theorie
ihren spezifisch energetischen Sukzessionsbegriff und die aus ihm abgeleiteten Methoden und Kategorien zur Beschreibung von Bauformen des
Erzählens mit den Prämissen eines ontologisch-philosophischen Vorverständnisses belastet.

Insofern Wesen und Formen der Erzählung qua ontologischer Vorbesinnung bestimmt sind, erhebt diese Poetik den Anspruch der Normativität.
Das zeigt sich in dem Augenblick, in dem die von ihr beanspruchte absolute
analytische Relevanz ihrer Methoden und Kategorien Erzählungen, die

nicht unter diese Voraussetzungen fallen, nicht als solche gelten lassen will. Eine in diesem Sinne regulative Poetik jedoch halten wir nicht für sinnvoll. Die Zeiten, in denen Poetiken das Schreiben regelten und das Geschriebene an ihren Maßstäben maßen, sind vorbei. Auch nur der Ansatz eines regulativen Anspruchs muß als Vorurteil gekennzeichnet werden.

Darüber zu rechten, ob die Texte Arno Schmidts, Jürgen Beckers, Alexander Kluges, Ror Wolfs, Hubert Fichtes, Peter Handkes und anderer erzählen, ist müßig; die Texte liegen vor, wir haben sie zu untersuchen. Wenn ihre Strukturen keine oder nur wenig Verwandtschaft zeigen mit denen, die wir bisher kennen, so ist das eine *Konsequenz des Stoffes.*

Daß morphologische Strukturen die Konsequenz des Erzählstoffes sind, setzt im Grunde auch Lämmert voraus, wenn er schreibt: „Der *Stoff* der Erzählung muß bereits einen irgendwie gearteten Ereignis- und Lebenszusammenhang enthalten, um Grundlage einer Erzählung werden zu können"[1]. Die für die Erzähltheorie verhängnisvolle Einschränkung jedoch ist die Erklärung, daß nur solche Stoffe sich zum Erzählen eignen, die ihrer Struktur nach *evolutionäre Vorgänge* darstellen, seien das Ereignisse bzw. Taten, *wirkende* Zustände oder Seelenbewegungen, in welchen drei Gruppen Müller die tendenziell möglichen Hauptausprägungen des Romans erkennt[2].

Wenn es richtig ist, daß die Erzählung ihren Stoff in dem Zustand der Epoche findet, wie Heißenbüttel einmal formuliert[3], dann ist auch richtig, daß die Strukturen, die diesen Zustand adaptieren, jeweils historisch begründet sein müssen. Als der Zustand der Epoche sich repräsentieren ließ in den Schicksalen Einzelner, faßte ihn die Erzählung, indem sie das Schicksal dieser repräsentativen Einzelnen verfolgte: Werther, Meister, Heinrich; bis hin letztlich zu der immer differenzierteren Motivation und Phänomenologie des Subjekts in den Romanen Prousts, Joyce' und Becketts. So wenig sich diese Erzählungen im einzelnen miteinander vergleichen lassen, gemeinsam ist ihnen allen, daß sie evolutionäre Vorgänge verfolgen, deren Kriterium das Prinzip der energetisch interpretierten Sukzession ist, das die übergängliche, phasenhafte Kohärenz aller dargestellten Fakten gewährleistet. Was die Erzählung verfolgt, sind Prozesse; den metamorphosischen Reifeprozeß Meisters oder den Bewußtseinsstrom Mollys; Rei-

---

[1] Lämmert, Bauformen, a.a.O., S. 25. Hervorhebung im Text kursiv.
[2] Vgl. Müller, Gestaltfrage, a.a.O., S. 204 f.
[3] Vgl. Heißenbüttel, Frankfurter Vorlesungen, a.a.O., S. 175.

fungen oder Auflösungen: der Nenner ist die Vorstellung vom mählichen Werden.

Der „Stil der Zukunft" aber, so schrieb schon Benn, „wird der Roboterstil sein, Montagekunst"[4], gefordert vom Zustand der Epoche: „Der bisherige Mensch ist zu Ende, Biologie, Soziologie, Familie, Theologie, alles verfallen und ausgelaugt, alles Prothesenträger. Das Getue in den Romanen, als ob es an sich weiterginge und etwas geschähe, mit dem altmodischen Begriff des Schicksals oder dem neumodischen einer autochthonen gesellschaftlichen Bewegung, ist Unfug, es geht nichts an sich weiter und geschieht nichts (...)"[5]. Die Kriterien der neuen Erzählung sind: „Jetzt werden Gedankengänge gruppiert, Geographie herangeholt, Träumereien eingesponnen und wieder fallengelassen. Nichts wird stofflich-psychologisch mehr verflochten, alles angeschlagen, nichts durchgeführt"[6]. Der Mensch wird neu zusammengesetzt „aus Redensarten, Sprichwörtern, sinnlosen Bezügen, aus Spitzfindigkeiten, breit basiert —: *Ein Mensch in Anführungsstrichen*"[7]. Nicht das autonome Subjekt und die von ihm bestimmte Welt des 18. und 19. Jahrhunderts bestimmt den Zustand der Epoche und den Stoff der Erzählung, sondern der durch die Einordnung in die verwalteten Bezugsfelder seines Alltags definierte Mensch. Die strukturbestimmende Kategorie dieser Erzählungen ist der Raum.

Wir erkennen daher in dem unter dem Aspekt des Sukzessionsbegriffes konzipierten Strukturmodell des Erzählens nicht das Modell des Erzählens schlechthin, sondern nur *eine* Möglichkeit darstellenden Erzählens. Dieser stellen wir als eine andere Möglichkeit das unter dem Aspekt des Raumes entworfene Strukturmodell entgegen. Keines der Modelle hebt das andere auf. Insofern sich nun in diesen Modellen zwei fundamental voneinander unterschiedene Adaptionsgesichtspunkte manifestieren, unter deren Aspekten der erzählende Aufbau der sprachlichen Wirklichkeit konzipiert wird, kann man die beiden Strukturmodelle des Erzählens auch als Adaptionsmodelle bezeichnen. Jedes dieser Modelle vermag von vornherein nur ganz bestimmte Realitätsstrukturen aufzunehmen. Die Modelle implizieren interpretatorische Grunddispositionen, über die die Erzählung nicht, ohne den Bruch der Struktur zu riskieren, hinausgehen kann. Ein Blick auf den dramentheoretischen Bereich kann das erläutern. Die Unterscheidung zwi-

---

[4] Benn, Autobiographische Schriften, a.a.O., Bd. 8, S. 2028.
[5] Benn, Autobiographische Schriften, a.a.O., Bd. 8, 2028 f.
[6] Benn, Autobiographische Schriften, a.a.O., Bd. 8, S. 2030.
[7] Benn, Autobiographische Schriften, a.a.O., Bd. 8, S. 2029. Hervorhebung im Text kursiv.

schen offener und geschlossener Form des Dramas konstatiert nicht nur zwei voneinander unterschiedene Strukturmodelle des Dramas, sondern differenziert zwischen zwei fundamental gegensätzlichen Adaptionsmodellen dramatischer Realitätserfassung. Volker Klotz hat die antipodischen Implikationen der strukturimmanenten Intentionen beider Strukturmodelle überzeugend darlegen können[8]. Ohne die Vorstellungen von offener und geschlossener Form in den erzähltheoretischen Bereich einführen zu wollen – um die Tragfähigkeit eines solchen Versuches zu überprüfen, wäre eine Untersuchung auf breiterer Basis erforderlich – dient uns aber der Hinweis auf die in den beiden Strukturmodellen angelegte Disposition zu jeweils bestimmter Realitätsinterpretation als Anregung für die Konzeption eines erzähltheoretischen Denkmodells, das in den in dieser Arbeit konfrontierten Strukturmodellen des Erzählens ebenfalls zwei fundamentale Möglichkeiten der erzählenden Adaption von Realität erkennt.

Wie nun die Subsumtion der Dramenstrukturen unter die Kategorien offener bzw. geschlossener Form die Übereinsicht im einzelnen so verschiedenartiger Werke wie Büchners WOYZECK und Brechts SEZUAN, Grabbes NAPOLEON und Barlachs BLAUEN BOLL erlaubt, so zeichnet sich für die Erzählkunst die Möglichkeit ab, Erzählungen unter dem Aspekt der in ihnen vorwaltenden Dominanz von Sukzessions- bzw. Raumstrukturen zu vergleichen. So sind beispielsweise die von Heißenbüttel aufgestellten neuen Typen zeitgenössischer Erzählungen wie die Inventarerzählung, die Katalogerzählung, die strategische und topographische Erzählung, der statistische und topologische Roman[9] sämtlich unter dem Aspekt des vom Raum bestimmten Strukturmodells zu erfassen, denn all diesen Typen ist gemeinsam, „daß das Element der Bestandsaufnahme in ihnen eine größere Rolle spielt als die fabulösen (...) Züge (...)"[10]. Einheitlich zeigen alle diese Erzählungen, „daß kein Interesse mehr besteht an dem Schema: Exposition, Katastrophe, Lösung; daß kein Interesse mehr besteht an einfühlender Anteilnahme mit intimen Herzensangelegenheiten; daß kein Interesse mehr vorhanden ist an der Erfindung illusionistischer Spiel- und Spiegelwelten"[11]. An ihre Stelle treten „ausgeprägte Faktizität, bis zur Verleugnung der eigenen Stoffverarbeitung, Registrationsmethoden, quasi Kollageelemente"[12].

[8] Vgl. Klotz, Drama, a.a.O.
[9] Vgl. Heißenbüttel, Eine Literatur für übermorgen, a.a.O., S. 119.
[10] Ebenda.
[11] Heißenbüttel, Eine Literatur für übermorgen, a.a.O., S. 121.
[12] Heißenbüttel, Eine Literatur für übermorgen, a.a.O., S. 119.

Wenn die Theorie der Erzählung darauf beruht, daß Erzählung, wie wir mit Heißenbüttel definiert hatten, sich immer auf etwas beziehe, was außerhalb ihrer Sprache liege, und dies außerhalb Liegende in den verschiedenen Weisen bestehe, in der Menschen sich zueinander verhalten, verschieden nach der Jahreszahl, in der sie leben, und nach der Topographie, in der ihr Zusammenleben sich einordnet[13], dann gilt sowohl für Arno Schmidt als auch für Autoren wie Alexander Kluge, Jürgen Becker, Hubert Fichte, Ror Wolf, um nur diese zu nennen, daß dies außerhalb der Erzählung Liegende sich in dem Begriff des Bezugssystems multipler Realitätsfelder fassen läßt, der Raum also die strukturbestimmende Adaptionskategorie dieser Erzählungen ist.

An dieser Stelle muß ein Wort zum Begriff der dokumentarischen Literatur gesagt werden, da die genannten Autoren von der Kritik als dokumentarische Erzähler apostrophiert werden[14]. Unsere Arbeit hat auf den Begriff des Dokumentarischen bewußt verzichtet. Es galt, in philologischer Analyse die morphologische Struktur der Erzählungen Arno Schmidts zu bestimmen. Die Überlegungen zu einer Theorie der dokumentarischen Erzählung, wie sie besonders von Heißenbüttel und Baumgart vorgetragen werden, richten ihr analytisches Interesse vor allem auf Struktur und Funktion der Erzählsprache. Denn nicht deshalb gelten Texte ja als dokumentarisch, weil sie verbürgte Vorfälle nacherzählen, sondern weil sich ihre sprachliche Realisierung wesentlich als Reproduktion vorfabrizierten Sprachmaterials darstellt. Die Sprache setzt, so Baumgart, keine Fiktionen mehr, sondern besteht aus Fertigteilen, die zum Muster kollagieren[15]. Wir wollen auf die Problematik dieser Thesen hier nicht mehr eingehen. Voßkamp hat zu Recht auf die entscheidende Frage aufmerksam gemacht: wie die dokumentarische Literatur der Tendenz zur Allegorisierung entgehen könne angesichts des Faktums, „daß jeder Satz, aber auch jedes Wort oder jede Wortgruppe, prinzipiell zeichenhaft werden können"[16]. Eine Analyse der Erzählungen Schmidts unter dem Aspekt des Dokumentarischen hätte sich also auf die Erzählsprache konzentrieren müssen. Das aber ist eine eigene Untersuchung, die den Einsatz vor allem linguistischer Forschungsmethoden verlangt, um intersubjektive Variablen der Interpretation weitgehend auszuschalten.

---

[13] Vgl. Heißenbüttel, Frankfurter Vorlesungen, a.a.O., S. 180; und in dieser Arbeit S. 92.
[14] Vgl. Baumgart, Aussichten des Romans, a.a.O., und Heißenbüttel, Über Literatur, a.a.O.
[15] Vgl. Baumgart, Aussichten des Romans, a.a.O., S. 45.
[16] Voßkamp, a.a.O., S. 522.

In einer Hinsicht allerdings wird sich auch diese Arbeit als ein Beitrag zum Thema „Dokumentarische Literatur" begreifen dürfen. Die detaillierte Analyse der Schmidtschen Erzählungen mit ihrem Aufweis der Konstruktionsfaktoren und -verfahren hat *Bedingungen des Machens* sichtbar werden lassen, die als Resultate in eine Untersuchung einzubringen wären, die danach fragt: wie wird dokumentarische Literatur gemacht? Wenn Baumgart schreibt: auch für die dokumentarische Literatur gilt, daß sie nicht nur Sprachdokumente reproduziert, sondern diese auch „inszeniert"[17], dann sind Feststellungen wie „Schnitt und Montage halten (...) das Material in Bewegung"[18] etc. zu allgemein, um befriedigen zu können, sie bringen die Diskussion um eine dokumentarische Literatur in Gefahr, zum modischen Gerede zu werden. Wir wissen, wie illusionistische Fiktionsliteratur gemacht wird. Das Buch Lämmerts ist ein Organon ihrer Mittel. Wir kommen nicht um die Aufgabe herum, zu untersuchen, wie die Erzähler von heute ihre Erzählungen machen.

[17] Baumgart, Aussichten des Romans, a.a.O., S. 46.
[18] Ebenda.

LITERATURVERZEICHNIS

Texte

ARNO SCHMIDT:

1. *Leviathan*, Hamburg 1949; auch in: A. Sch., Leviathan, Frankfurt am Main 1963.
2. *Gadir oder Erkenne dich selbst*, in: A. Sch., Leviathan, Frankfurt am Main 1963.
3. *Enthymesis oder W. I. E. H.*, in: A. Sch., Leviathan, Frankfurt am Main 1963.
4. *Schwarze Spiegel*, Hamburg 1951; auch in: A. Sch., Nobodaddy's Kinder (Trilogie: Aus dem Leben eines Fauns, Brand's Haide, Schwarze Spiegel), Hamburg 1963.
5. *Brand's Haide*, Hamburg 1951; auch in: A. Sch., Nobodaddy's Kinder, Hamburg 1963.
6. *Aus dem Leben eines Fauns*, Hamburg 1953; auch in: A. Sch., Nobodaddy's Kinder, Hamburg 1963, zit. nach dieser Ausgabe.
7. *Das steinerne Herz*. Historischer Roman aus dem Jahre 1954, Karlsruhe 1956.
8. *Die Gelehrtenrepublik*. Kurzroman aus den Roßbreiten, Karlsruhe 1957.
9. *Tina oder über die Unsterblichkeit*, in: A. Sch., Dya Na Sore, Karlsruhe 1958.
10. *Rosen & Porree*, Karlsruhe 1959.
11. *Seelandschaft mit Pocahontas*, in: A. Sch., Rosen & Porree, Karlsruhe 1959, S. 7–69.
12. *Alexander oder Was ist Wahrheit*, in: A. Sch., Rosen & Porree, Karlsruhe 1959.
13. *Kosmas oder Vom Berge des Nordens*, in: A. Sch., Rosen & Porree, Karlsruhe 1959.
14. *Die Umsiedler*, in: A. Sch., Rosen & Porree, Karlsruhe 1959.
15. *Kaff auch Mare Crisium*, Karlsruhe 1960.
16. *Kühe in Halbtrauer*, Karlsruhe 1964.

Arno Schmidt:

17. *Kühe in Halbtrauer,* in: A. Sch., Kühe in Halbtrauer, Karlsruhe 1964, S. 7–25.

18. *Schwänze,* in: A. Sch., Kühe in Halbtrauer, Karlsruhe 1964, S. 109 bis 134.

19. *Trommler beim Zaren,* Karlsruhe 1966.

20. *Die 10 Kammern des Blaubart,* in: A. Sch., Trommler beim Zaren, Karlsruhe 1966, S. 243–252.

21. *Nebenmond und rosa Augen* (Nr. 24 aus der Faust-Serie des Verfassers), in: A. Sch., Trommler beim Zaren, Karlsruhe 1966, S. 85 bis 93.

22. *Die aussterbende Erzählung,* in: Texte und Zeichen 1, H. 2, Berlin 1955, S. 266–269).

23. *Die Handlungsreisenden,* in: Texte und Zeichen 2, H. 7, Berlin 1956, S. 296–299.

24. *Berechnungen* (I und II), in: A. Sch., Rosen & Porree, Karlsruhe 1959, S. 281–308.

25. *Die moderne Literatur und das deutsche Publikum,* in: Sind wir noch das Volk der Dichter und Denker. 14 Antworten, hg. v. Gert Kalow, Reinbek 1964, S. 96–106.

26. *Sylvie & Bruno.* Dem Vater der modernen Literatur ein Gruß! in: A. Sch., Trommler beim Zaren, Karlsruhe 1966, S. 253–282.

27. *Dya Na Sore.* Gespräche in einer Bibliothek, Karlsruhe 1958.

28. *Der sanfte Unmensch.* Einhundert Jahre Nachsommer, in: A. Sch., Dya Na Sore. Gespräche in einer Bibliothek, Karlsruhe 1958, S. 194 bis 229.

29. *Siebzehn sind zuviel!* James Fenimore Cooper, in: A. Sch., Dya Na Sore. Gespräche in einer Bibliothek, Karlsruhe 1958, S. 276–309.

30. *Herrn Schnabels Spur.* Vom Gesetz der Tristaniten, in: A. Sch., Dya Na Sore. Gespräche in einer Bibliothek, Karlsruhe 1958, S. 54–98.

31. *Belphegor.* Nachrichten von Büchern und Menschen, Karlsruhe 1961.

32. *Sitara und der Weg dorthin.* Eine Studie über Wesen, Werk & Wirkung Karl May's, Karlsruhe 1963.

33. *Die Ritter vom Geist.* Von vergessenen Kollegen, Karlsruhe 1965.

34. *Nichts ist mir zu klein,* in: A. Sch., Die Ritter vom Geist. Von vergessenen Kollegen, Karlsruhe 1965, S. 56–89.

35. *Eines Hähers: „TUE!" und 1014 fallend,* in: Das Tagebuch und der moderne Autor, hg. v. Uwe Schultz, München 1965, S. 110–126.

Literatur

36. ADORNO, Theodor W., Standort des Erzählers im zeitgenössischen Roman, in: Th. W. A., Noten zur Literatur I, 14.–17. Tausend Frankfurt am Main 1965, S. 61–72.

37. ARNTZEN, Helmut, Der moderne deutsche Roman. Voraussetzungen Strukturen Gehalte, Heidelberg 1962.

38. BACHELARD, Gaston, La poétique de l'espace, Paris 1957; deutsch: Poetik des Raumes, übersetzt von Kurt Leonhard, Literatur als Kunst. Eine Schriftenreihe, hg. v. K. May und W. Höllerer, München 1960.

39. BAUMGART, Reinhard, Aussichten des Romans oder Hat Literatur Zukunft? Frankfurter Vorlesungen, Neuwied 1968.

40. BAUMGART, Reinhard, Literatur für Zeitgenossen. Essays, Frankfurt am Main 1966.

41. BAUMGART, Reinhard, Das Erzählen wird erzählt, in: R. B., Literatur für Zeitgenossen, Essays, Frankfurt am Main 1966, S. 83–106.

42. BAUMGART, Reinhard, Was soll Germanistik heute? Vorschläge zur Reform, DIE ZEIT 23, Hamburg 1968, Nr. 26, S. 24.

43. BECKER, Jürgen, Felder, Frankfurt am Main 1964.

44. BECKETT, Samuel, Fin de partie, Paris 1957; deutsch: Endspiel, übersetzt von Elmar Tophoven, Frankfurt am Main 1960.

45. BENN, Gottfried, Gesammelte Werke in acht Bänden. Hg. v. Dieter Wellershoff, Wiesbaden 1968.

46. BLANCKENBURG, Friedrich von, Versuch über den Roman. Faksimiledruck der Originalausgabe von 1774, hg. v. Eberhard Lämmert, Stuttgart 1965.

47. BOHRER, Karl-Heinz, Von vergessenen Kollegen. Arno Schmidts neues Buch „Die Ritter vom Geist", Die Welt der Literatur 2, Hamburg 1965, Nr. 25, S. 710.

48. BURKE, Kenneth, The Philosophy of Literary Form 1941; deutsch: Eine Theorie der Literatur, übersetzt von Günther Rebing, Frankfurt am Main 1966.

49. BUTOR, Michel, Répertoire, Etudes et conférences 1948–1959, Paris

1960; deutsch: Repertoire 1 (Auswahl), übersetzt von Helmut Scheffel, München 1963.

50. BUTOR, Michel, Répertoire II, Etudes et conférences 1959–1963, Paris 1964; deutsch: Repertoire 2 und Repertoire 3 (Auswahl), übersetzt von Helmut Scheffel, beide München 1965.

51. DELLING, Manfred, Außenseiter sein genügt noch nicht, Die Welt, Hamburg 1962, Nr. 216.

52. DODERER, Heimito von, Grundlagen und Funktion des Romans, Nürnberg 1959.

53. EICHENBAUM, Boris, Aufsätze zur Theorie und Geschichte der Literatur, Frankfurt am Main 1965.

54. ERLICH, Victor, Russian Formalism. History-Doctrine, Mouston & Co., 's-Gravenhage 1955; deutsch: Russischer Formalismus, übersetzt von Marlene Lohner, Literatur als Kunst. Eine Schriftenreihe, hg. v. K. May und W. Höllerer, München 1964.

55. FORSTER, E. M., Aspects of the Novel, London 1927; deutsch: Ansichten des Romans, übersetzt von Walter Schürenberg, Frankfurt am Main, 1962, zit. nach dieser Ausgabe.

56. FRANZEN, Erich, Aufklärungen. Essays, Frankfurt am Main 1964.

57. FRENZEL, H. A. und E., Daten deutscher Dichtung. Chronologischer Abriß der deutschen Literaturgeschichte, 2 Bde., München 1962.

58. Frisch, Max, Mein Name sei Gantenbein, 16.–30. Tausend Frankfurt am Main 1964.

59. GOETHE, Johann Wolfgang, dtv-Gesamtausgabe, hg. v. Peter Boerner nach den Texten der Gedenkausgabe des Artemis-Verlages, 45 Bde., München 1961–1963.

60. GRÖSSEL, Hanns, Arno Schmidt/Trommler beim Zaren, Neue Rundschau 77, Berlin 1966, H. 4, S. 682–686.

61. HAMBURGER, Käte, Die Logik der Dichtung, Stuttgart 1957.

62. HEHLMANN, Wilhelm (Herausgeber), Wörterbuch der Psychologie, 2., ergänzte und erweiterte Aufl. Stuttgart 1962.

63. HEISSENBÜTTEL, Helmut, Über Literatur. Texte und Dokumente zur Literatur, Olten 1966.

64. HEISSENBÜTTEL, Helmut, Annäherung an Arno Schmidt, Merkur 17, Stuttgart 1963, S. 289–300; auch in: H. H., Über Literatur, Olten 1966, S. 56–70, zitiert nach dieser Ausgabe.

65. HEISSENBÜTTEL, Helmut, Spekulation über eine Literatur von übermorgen, in: H. H., Über Literatur, Olten 1966, S. 113–122.

66. HEISSENBÜTTEL, Helmut, Frankfurter Vorlesungen über Poetik 1963, in: H. H., Über Literatur, Olten 1966, S. 123–205.
67. HÖLLERER, Walter, Die Bedeutung des Augenblicks im modernen Romananfang, in: Miller, Norbert (Herausgeber), Romananfänge. Versuch zu einer Poetik des Romans, Literarisches Colloquium, Berlin 1965, S. 344–377.
68. JANVIER, Ludovic, Une parole exigeante, Paris; deutsch: Literatur als Herausforderung. Die neue Welt des Nouveau Roman, übersetzt von Heinrich von Nussbaum und Irma Reblitz, München 1967.
69. JENS, Walter, Statt einer Literaturgeschichte, 2., neu durchgesehene Aufl. Pfullingen 1958.
70. JENS, Walter, Deutsche Literatur der Gegenwart, München 1964.
71. KAHLER, Erich, Untergang und Übergang der epischen Kunstform, Neue Rundschau 64, Frankfurt am Main 1953, H. 1, S. 1–44.
72. KAYSER, Wolfgang, Das sprachliche Kunstwerk. Eine Einführung in die Literaturwissenschaft, 3., erweiterte Aufl. Bern 1954.
73. KAYSER, Wolfgang, Entstehung und Krise des modernen Romans, 4. Aufl., Stuttgart 1963, Sonderdruck aus DVjs., Bd. 28, H. 4.
74. KAYSER, Wolfgang, Die Vortragsreise, Studien zur Literatur, Bern 1958.
75. KESTING, Marianne, Vermessung des Labyrinths. Studien zur modernen Ästhetik, Frankfurt am Main 1965.
76. KLOTZ, Volker, Geschlossene und offene Form im Drama. Literatur als Kunst. Eine Schriftenreihe hg. v. K. May und W. Höllerer, 2. Aufl., München 1962.
77. KLOTZ, Volker (Herausgeber), Zur Poetik des Romans, Darmstadt 1965.
78. KOSHINOV, Wadim, Der ästhetische Wert des Romans, Sinn und Form, Sonderheft II, Berlin 1966, S. 1375–1396.
79. KOSKIMIES, Rafael, Theorie des Romans, unveränderter Nachdruck der Ausgabe Helsinki 1935 (Annales Acad. Scient. Fennicae Bd. 35, 1), Darmstadt 1966.
80. KREUZER, Helmut, Artikel über Arno Schmidt in: Kleines Handbuch der deutschen Gegenwartsliteratur. 107 Autoren und ihr Werk in Einzeldarstellungen, hg. v. Hermann Kunisch, München 1967, S. 469–472.
81. LÄMMERT, Eberhard, Bauformen des Erzählens, Stuttgart 1955.
82. LÄMMERT, Eberhard, Nachwort zur Faksimileausgabe: Friedrich von

Blanckenburg, Versuch über den Roman, Stuttgart 1965, S. 543 bis 583.

83. LESSING, Gotthold Ephraim, Werke. Vollständige Ausgabe in 24 Teilen, hg. v. J. Petersen u. W. v. Olshausen, Bong & Co., o. J.

84. LUDWIG, Otto, Werke in sechs Teilen. Neue vermehrte Ausgabe, hg. v. Adolf Bartels, Leipzig o. J.

85. MANTHEY, Jürgen, Arno Schmidt und seine Kritiker. Bemerkungen zur Artistik in der Zeit, Frankfurter Hefte. Zeitschrift für Kultur und Politik 17, Frankfurt am Main 1962, H. 6, S. 408–416.

86. MARTINI, Fritz, Deutsche Literaturgeschichte. Von den Anfängen bis zur Gegenwart, 11. Aufl., Stuttgart 1961.

87. MELCHINGER, Siegfried, Theater der Gegenwart, Frankfurt am Main 1956.

88. MEYER, Herman, ZfdA 1957/58, Anzeiger.

89. MEYERS Neues Lexikon, 8 Bde., Leipzig 1961–1964.

90. MILLER, Norbert (Herausgeber), Romananfänge. Versuch zu einer Poetik des Romans, Literarisches Colloquium, Berlin 1965.

91. MINDER, Robert, Lüneburger Heide, Worpswede und andere Heide- und Moorlandschaften, in: R. M., Dichter in der Gesellschaft. Erfahrungen mit deutscher und französischer Literatur, Frankfurt am Main 1966, S. 265–286.

92. MÜLLER, Günther, Morphologische Poetik. Gesammelte Aufsätze, hg. v. Elena Müller in Verbindung mit Helga Egner, Darmstadt 1968.

93. MÜLLER, Günther, Morphologische Poetik. Blickpunkt und Umblick, Helikon Tome V, 1944, S. 1–22; auch in: G. M., Morphologische Poetik. Gesammelte Aufsätze, hg. v. Elena Müller in Verbdg. mit Helga Egner, Darmstadt 1968, S. 225–246, zitiert nach dieser Ausgabe.

94. MÜLLER, Günther, Goethes Morphologie in ihrer Bedeutung für die Dichtungskunde, in: Goethe und die Wissenschaft, 1951, S. 23–35; auch in: G. M., Morphologische Poetik. Gesammelte Aufsätze, hg. v. Elena Müller in Verbdg. mit Helga Egner, Darmstadt 1968, S. 287–298, zitiert nach dieser Ausgabe.

95. MÜLLER, Günther, Gestaltung – Umgestaltung in Wilhelm Meisters Lehrjahren, 1948; auch in: G. M., Morphologische Poetik. Gesammelte Aufsätze, hg. v. Elena Müller in Verbdg. mit Helga Egner, Darmstadt 1968, S. 419–510, zitiert nach dieser Ausgabe.

96. MÜLLER, Günther, Die Gestaltfrage in der Literaturwissenschaft und

Goethes Morphologie, 1944; auch in: G. M., Morphologische Poetik. Gesammelte Aufsätze, hg. v. Elena Müller in Verbdg. mit Helga Egner, Darmstadt 1968, S. 146–224, zitiert nach dieser Ausgabe.

97. Müller, Günther, Die Bedeutung der Zeit in der Erzählkunst (Bonner Antrittsvorlesung 1946. Bonn 1947); auch in: G. M., Morphologische Poetik. Gesammelte Aufsätze, hg. v. Elena Müller in Verbdg. mit Helga Egner, Darmstadt 1968, S. 247–268, zitiert nach dieser Ausgabe.

98. Müller, Günther, Erzählzeit und erzählte Zeit, in: Festschrift f. P. Kluckhohn u. H. Schneider, 1948, S. 195–212; auch in: G. M., Morphologische Poetik. Gesammelte Aufsätze, hg. v. Elena Müller in Verbdg. mit Helga Egner, Darmstadt 1968, S. 269–286, zitiert nach dieser Ausgabe.

99. Müller, Günther, Über das Zeitgerüst des Erzählens (Am Beispiel des Jürg Jenatsch). E. Rothacker zum 60. Geburtstag, DVjs. 24, 1950, S. 1–31.

100. Müller, Günther, Das Zeitgerüst des Fortunatus-Volksbuchs (Festschrift für Jost Trier zu seinem 60. Geburtstag am 15. Dez. 1954, S. 198–218); auch in: G. M., Morphologische Poetik. Gesammelte Aufsätze, hg. v. Elena Müller in Verbdg. mit Helga Egner, Darmstadt 1968, S. 570–590, zitiert nach dieser Ausgabe.

101. Müller, Günther, Zeiterlebnis und Zeitgerüst in der Dichtung, Studium Generale 8, 1955, S. 594–601; auch in: G. M., Morphologische Poetik. Gesammelte Aufsätze, hg. v. Elena Müller in Verbdg. mit Helga Egner, Darmstadt 1968, S. 299–311.

102. Müller, Günther, Le Pére Goriot und Silas Marner, Eine vergleichende Aufbaustudie. E. M. Butler zum 65. Geburtstag, in: Archiv für das Studium der neueren Sprachen 1953, Bd. 189, S. 97–118; auch in: G. M., Morphologische Poetik. Gesammelte Aufsätze, hg. v. Elena Müller in Verbdg. mit Helga Egner, Darmstadt 1968, S. 534–555, zitiert nach dieser Ausgabe.

103. Müller, Günther, Aufbauformen des Romans, Neophilologus 37, 1953, S. 1–14; auch in: Zur Poetik des Romans, hg. v. Volker Klotz, Darmstadt 1965, S. 280–302, zitiert nach dieser Ausgabe.

104. Oppel, Horst, Morphologische Literaturwissenschaft. Goethes Ansicht und Methode, Darmstadt 1967.

105. Petsch, Robert, Wesen und Formen der Erzählkunst, 2., vermehrte

und verbesserte Auflage, DVjs., hg. v. Paul Kluckhohn und Erich Rothacker. Buchreihe 20. Bd., Halle/Saale 1942.

106. Prévost, Claude, Aktuelle Probleme des Romans, Versuch einer vorläufigen Bilanz, Sinn und Form, Sonderheft II, Berlin 1966, S. 1449–1476.

107. Raasch, Albert, Gedanken zum Nouveau Roman, Sonderdruck aus der Zeitschrift Die neueren Sprachen, H. 12, 1967, Neue Folge.

108. Reich-Ranicki, Marcel, Selfmadeworld in Halbtrauer. Das Werk Arno Schmidts, Die Zeit 22, Hamburg 1967, Nr. 41, S. 20–22.

109. Robbe-Grillet, Alain, Pour un Nouveau Roman, Paris 1963; deutsch: Argumente für einen neuen Roman, übersetzt von Marie-Simone Morel, Helmut Scheffel, Werner Spiess und Elmar Tophoven, München 1965, zitiert nach dieser Ausgabe.

110. Robbe-Grillet, Alain, Zeit und Beschreibung im heutigen Roman, in: R.-Gr., Argumente für einen neuen Roman, München 1965, S. 93 bis 107.

111. Robbe-Grillet, Alain, Über ein paar veraltete Begriffe, in: R.-Gr., Argumente für einen neuen Roman, München 1965, S. 25–49.

112. Robbe-Grillet, Alain, Dem Roman der Zukunft eine Bahn, in: R.-Gr., Argumente für einen neuen Roman, München 1965, S. 15–23.

113. Sarraute, Nathalie, L'Ere du Soupcon. Essais sur le Roman, Paris 1956; deutsch: Zeitalter des Argwohns. Über den Roman, übersetzt von Kyra Stromberg, Köln 1963.

114. Schauder, Karlheinz, Arno Schmidts experimentelle Prosa, Neue Deutsche Hefte 11, Gütersloh 1964, H. 99, S. 39–62.

115. Staiger, Emil, Grundbegriffe der Poetik, 5. Aufl. Zürich 1961.

116. Stanzel, Franz K., Typische Formen des Romans, 2., durchgesehene Aufl. Göttingen 1965.

117. Stanzel, Franz K., Die typischen Erzählsituationen im Roman, in: Wiener Beiträge zur englischen Philologie, hg. v. Leo Hibler-Lebmannsport, 68. Bd., unveränderter Nachdruck Wien 1965.

118. Trommler, Frank, Roman und Wirklichkeit. Eine Ortsbestimmung am Beispiel von Musil, Broch, Roth, Doderer und Gütersloh, Stuttgart 1966.

119. Tynjanov, Jurij, Die literarischen Kunstmittel und die Evolution in der Literatur, Frankfurt am Main 1967.

120. Vosskamp, Wilhelm, Reinhard Baumgart/Aussichten des Romans oder Hat Literatur Zukunft, Neue Rundschau 79, Berlin 1968, H. 3, S. 519–523.

121. Walzel, Oskar, Das Wortkunstwerk, Mittel seiner Erforschung, Leipzig 1926.

122. Weimann, Robert, Erzählsituation und Romantypus, Sinn und Form 18, Berlin 1966, H. 1, S. 109–133.

123. Wolffheim, Hans. Ein Alleinunterhalter mokiert sich, Die Welt der Literatur 4, Hamburg 1967, Nr. 1, S. 1–2.

124. Zeltner-Neukomm, Gerda, Die eigenmächtige Sprache. Zur Poetik des Nouveau Roman, Olten 1965.

125. Zeltner-Neukomm, Gerda, Das Ich und die Dinge. Versuche über Ponge, Cayroll, Robbe-Grillet, Le Clézio, Köln 1968.

126. Zeltner-Neukomm, Gerda, Das Wagnis des französischen Gegenwartromans. Die neue Welterfahrung in der Literatur, Reinbek 1960.

127. Zimmer, Dieter E., James Joyce auf deutsch, Die Zeit 22, Hamburg 1967, S. 21.

Personenregister[1]

Adorno, Th. W.   82
Aristoteles   3, 13

Balzac, H.   56, 78
Barlach, E.   116
Baumgart, R.   3, 18, 19, 82, 117, 118
Becker, J.   81, 114, 117
Beckett, S.   82, 114
Benn, G.   6, 81, 115
Blanckenburg, F. v.   14, 15
Bohrer, K.   5, 103
Brecht, B.   116
Brockes, B. H.   59
Büchner, G.   116
Butor, M.   4, 107

Cooper, J. F.   31, 57

Delling, M.   5
Doderer, H. v.   82

Fichte, H.   114, 117
Flaubert, G.   56
Forster, E. M.   13, 14, 73
Frenzel, H. A. u. E.   103
Frisch, M.   81, 82

Goethe, J. W.   4, 68, 74, 75
Grabbe, Chr. D.   116
Grössel, H.   7

Handke, P.   114
Hebbel, F.   4, 58
Hehlmann, W.   63
Heine, H.   6
Heißenbüttel, H.   3, 4, 6, 7, 75, 76, 81, 82, 107, 114, 116, 117
Herder J. G.   15

Höllerer, W.   96
Hoffmann, E. T. A.   6

Joyce, J.   19, 82, 114

Kafka, F.   107
Kahler, E. v.   20
Kayser, W.   56, 57
Kesting, M.   3
Klotz, V.   3, 116
Kluge, A.   107, 114, 117
Koskimies, R.   13, 80
Kreuzer, H.   6, 103

Lämmert, E.   1, 2, 9 10, 11, 12, 14, 15, 16, 17, 63, 64, 67, 69, 70, 71, 73, 74, 77, 78, 83, 84, 85, 86, 88, 105, 113, 114, 118
Lessing, G. E.   3, 4, 15
Lewin, K.   63
Ludwig, O.   4, 14

Manthey, J.   6, 7
Martini, F.   6
Mauriac, C.   107
Melchinger, S.   3
Meyer, H.   9
Minder, R.   6
Morris, W.   107
Müller, G.   10, 16, 53, 56, 57, 64, 67, 68, 69, 70, 71, 72, 73, 74, 75, 77, 78, 85, 105, 114
Musil R.   82

Passos, D. J.   82
Paul, J.   4
Petsch, R.   12, 13, 83
Proust, M.   82, 114

[1] ausgenommen Literaturverzeichnis

Sachregister

NACHWORT

Die vorliegende Arbeit wurde im Sommersemester 1969 von der Philosophischen Fakultät der Christian-Albrechts-Universität zu Kiel als Dissertation angenommen. Der Text blieb für den Druck — abgesehen von der Hinzufügung der Register — unverändert.

Mein besonderer Dank gilt Herrn Professor Dr. Karl Otto Conrady für die Förderung dieser Arbeit und deren Aufnahme in die Reihe „Literatur und Wirklichkeit".

Kiel, im März 1970

Reimer Bull